# 마음의 등불

자기 성찰과 교양 함양을 위한 휴먼 메시지

자기 성찰과 교양 함양을 위한
휴먼 메시지

# 마음의 등불

박훈 엮음

미문사

> 서문

## 《마음의 등불》에 부쳐

박훈朴薰 시인은 내게는 10여 년 후배이면서 40년 넘게 인간성을 짙게 나눈 사이이기도 하다. 이번 박훈 시인의《마음의 등불》출판을 진심으로 축하한다. 그는 시인이기 전에 수필가이며 칼럼니스트였다. 수년 동안 중앙의 일간지에 우리 사회의 일그러진 모습과 부조리들을 지적하였고 민생들의 아픔을 걱정하였다. 그에게는 대범한 윤리 의식과 훈훈한 인간미에 유머가 뛰어난 사람으로 분위기를 즐겁게 만들면서도 차분하고 서민적이며 국화처럼 참고 견딜 줄 아는, 인간과 자연의 아름다움을 풍부한 감성感性으로 정신 세계를 펼쳐 보였으며 섬세하고 다양한 언어의 기법을 가지고 있다.

　우리는 지금 신속 정확하고 편리한 디지털 문명 앞에 살면서 때로는 찬탄讚嘆을 하기도 하지만 가슴 한편에 밀려드는 불안과 두려움을 떨쳐버릴 수가 없다. 인간으로서의 따뜻한 감정보다는 기계의 정밀함에 의존하려 하고, 도의나 도리보다는 간사한 계교計巧가 앞서고 심지어 한탕주의의 교활한 요령이 판을 치기도 한다. 수천 년 인류가 이룩해 놓은 정신적 유산이나 지혜가 한낱 고리타분하고 쓸데없는 넋두리로 전락해 버릴까 걱정이다. 사람이 어떻게 사람다워질 것이며, 나와 남과의 관계는 어떠해야 되는 것이며, 세상 삶의 진정한 가치는 무엇인가를 그냥 간과看過해 버릴까 싶다. 이를 안타까이 여기고 우리의 예지와 인간성을 되찾아야 되지 않나 하고 나선 사람이 박훈 시인이다. 그는 평범한 이웃으로 아무런 불평이나 지나친 욕심이 없이 가장 여유롭고 행복한 얼굴로 살고 있다.

그는 부자와 가난, 행복과 불행, 즐거움과 슬픔 같은 것도 초월하여 그것들을 모두 수용受容할 수 있는 도량을 지닌 사람이다. 중도中道를 중히 여기는 도인道人이라 할까? 그는 이미 《잃어버린 그대 이름은 (1995)》이란 저서로 사람이 진정 바라는 것이 무엇인가를 절절切切한 필치筆致로 보여 준 바 있는 문재文才이기도 하다. 그런 그가 인간적인 삶에서 얻은 체험과 폭넓은 수양과 사색에서 얻은 교양으로 우리의 삶을 보다 풍요롭게 할 수 있는 이 책을 낸 것을 무엇보다 기쁘고 다행으로 생각한다.

《마음의 등불》이란 거창한 타이틀이지만 모두가 우리의 일상에서 부딪히는 소박하고 절실한 이야기들이다. 이 책은 동서고금의 잠언箴言과 사서삼경四書三經을 비롯한 유교의 가르침, 불경佛經과 성경聖經의 가르침, 코란경과 탈무드, 이솝 이야기, 우리나라와 세계의 고전古典, 유명한 철학자, 사상가까지 폭넓게 인용引用되어 이 책의 품격을 더하고 있다. 짤막한 글 속에 뜻이 깊으면서도 감동과 재미가 있어 고개를 끄덕이게 된다. 이 세상을 보다 맑은 정신으로 행복하게 살고자 하는 모든 분들께 삶의 훌륭한 교양서敎養書로서 일독을 권하는 바이다.

2021년 가을
신지호申祉浩 〈한국문인협회 수필 문학가〉

## 책을 내면서

　세상을 살아가면서 모든 사람이 지혜롭게 처신하며 살기란 쉽지 않다. 지혜로운 사람이 무엇을 하고자 할 때는 그 이치를 알아 행하기 때문에 삶이 보다 순조롭다. 그와 반대로 현명치 못하고 어리석은 사람은 사리 판단을 못해 과오過誤를 범하기 때문에 후환을 가져오게 되어 살기가 순탄치 않으며 다른 사람에게도 피해를 끼친다. 그래서 선인先人들은 한 시대를 살면서 스스로의 경험에서 얻어낸 지혜를 알려 주고 말을 남겨 현재에도 우리에게 커다란 가르침을 주고 있다.
　오늘날 우리는 첨단 과학 시대를 살면서 지난 과거에 비해 너무나 많이 변한 사회를 보고 그저 놀랍고 감탄하게 된다. 의식주 변화는 차치하더라도 풍요가 넘치는 세상이 되어 결혼, 출산, 교육은 물론 여가, 놀이, 언어, 장례, 풍속, 사상 등 변하지 않은 것이 전무하다 해도 과언은 아니다. 그래서인지 신종 범죄도 수없이 생겨나고 잔인 무도한 방법으로 범행을 저지르고도 뉘우치지 않는 사람도 있다. 항간에서는 유전적 요소를 들기도 하는데 무엇보다 그 까닭은 인성 교육 부족과 도덕 의식道德意識의 해이 때문이요, 지혜知慧가 없는 데서 만들어지는 것이라고 봐야 한다.

또한 물질 만능주의가 가져온 병폐일 수도 있겠으나 지혜가 있는 사람은 추악하고 부끄러운 행동을 삼가겠지만 어리석은 사람은 양심이 바르지 않기 때문에 선善을 멀리하고 악惡을 꺼리지 않는다. "지혜를 얻는 것은 은을 얻는 것보다 낫고 그 이익이 정금보다 낫다."는 구약 잠언 중의 솔로몬의 말이 있다. 언제 범죄 없는 사회에서 안심하고 살 수 있는 사회가 도래할지 모르겠다. 경쟁과 혼란의 시대에서 평화롭고 행복한 삶을 추구하려는 사람들을 위해 자기 성찰과 지혜를 쌓는 데 도움이 되었으면 하는 마음에서 천금보다 값진 성현聖賢들의 말을 간추렸고 기억 속에 멀어진 역사의 일부도 함께 엮게 되었다.

아무쪼록 독자 제위의 이해와 아량으로 미진한 점을 많이 감싸 주시기 바라며 이 책을 낼 수 있도록 돌봐 주신 봉천동 신지호申祉浩 수필문학가 선생님과 출판을 받아 주신 미문사 김종욱 대표님께도 심심한 사의를 표한다.

단기 4355년
불기 2566년

서기 2022년 봄
운악산을 바라보며 현창로 연구실에서
박훈

• 차례 •

## 제1부 군자의 부끄러움

군자의 부끄러움 • 12 군자 • 16 친구 • 18 성선설 • 22
"그냥 들판에 버려라" • 26 존재와 질서 • 30 중용론 • 32
재물과 탐욕 • 34 말의 두 가지 성질 • 38
적을수록 좋은 말 • 44 유태인을 본받아야 • 46
베풀었거든 자랑하지 마라 • 51 덕을 쌓아야 • 53

## 제2부 집착과 무상

집착과 무상 • 58 선과 악 • 61 기다림은 아름답다 • 65
인내와 여유 • 67 여유로운 마음으로 살기 • 69 자아에 대한 성찰 • 71
세상을 살아가면서 • 76 염치의 의미 • 80 죽음 • 83
이런 사람 저런 사람 • 87 베풀면 얻는다 • 90 훌륭한 사람을 친구로 • 92

## 제3부 마음

마음 • 96 중생이란 • 98 인연 • 100 인과응보 • 102
행복과 불행 • 104 번뇌 • 107 천국과 지옥 • 111
지은 죄에 따라 가는 지옥 • 112 어리석음 • 114
죽음과 영혼 • 117 신의 존재 입증 • 119

## 제4부 지식과 배움

지식과 배움 • 124 지혜 • 127 폭풍 앞에서 굽히기 • 132
군자와 소인 • 133 시간과 돈 • 135
욕망 • 138 겸손과 교만 • 140 공손한 사람의 태도 • 144

## 제5부 세상을 살면서

세상을 살면서 • 148  감옥 • 151  쥐새끼 같은 것들 • 153
부모와 효도 • 155  형제 • 161  가훈과 좌우명 • 163
현명한 사람 • 166  역경의 유익함 • 167  인간의 이기심 • 171

## 제6부 행복한 가정

행복한 가정을 위해 • 174  빈부 • 176  진리란 무엇인가 • 181
나는 좋은 부모인가? • 184  부부 클리닉 • 185
삼강오륜과 주자십회 • 186  술에 대하여 • 188
우화에서 배우다 • 192

## 제7부 사랑의 속성

예수 • 200  사랑의 속성 • 206  종교 • 210  부처 • 219
종교 개혁 • 221  이슬람과 알라 • 224  탈레반이 승리하다 • 234
단방에 깨치다 • 237  철학자들이 본 자기 존재와 세계 • 245
좋은 습관 10가지 • 246

## 제8부 느림의 지혜

느림의 지혜 • 252  실천하는 신앙인 • 255  버리고 비워야 • 259
출가 • 263  우리는 지금 무슨 짓을 하고 있는가 • 264
주제 파악 • 269  나를 돌아보기 • 272
동양 철학의 음양오행 • 274  서양 철학의 12별자리 • 284

제1부

# 군자의 부끄러움

군자의 부끄러움 | 군자 | 친구 | 성선설 |
"그냥 들판에 버려라" | 존재와 질서 | 중용론 | 재물과 탐욕 |
말의 두 가지 성질 | 적을수록 좋은 말 | 유태인을 본받아야 |
베풀었거든 자랑하지 마라 | 덕을 쌓아야

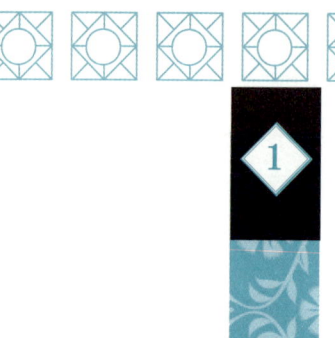

# 군자君子의 부끄러움

예기禮記는 예에 대해서 다양하게 서술한 책으로 사서오경四書五經의 하나다. 군자에게 다섯 가지 부끄러움이 있다고 했다.

첫째, 이미 얻은 것을 다시 잃는 것이요.

둘째, 말로만 하고 실천하지 않는 것이요.

셋째, 높은 자리에 섰으면서 그에 걸맞은 말을 않는 것이요.

넷째, 부하들의 과실을 고르게 하면서 자신의 공을 갑절로 만드는 것이요.

다섯째, 민심을 얻지 못하는 것이다.

평소에 공손하고 일을 함에 신중하고 사람을 대함에 진실하라. 오랑캐 땅에 간다 할지라도 버림을 받지 않으리라.

— 공자 〈논어/자로편〉

◈ 물이 지나치게 맑으면 고기가 없고, 사람이 지나치게 살피면 따르는 사람이 없다.　　　　　　　　　— 공자: 가어家語. 〈명심보감 성신편〉

◈ 공손하면 남에게 모욕을 당하지 않고, 관대하면 많은 사람의 치지를 얻고, 신의가 있으면 사람들이 믿고 맡기고, 민첩하면 공을 이루며 은혜를 베풀면 능히 사람을 부릴 수가 있다.
　　　　　　　　　　　　　　　　　— 공자 〈논어/양화편〉

## ❶ 군자가 되기 위한 노력

### 1. 사람들이 알아주지 않을 것을 근심 말고 자기의 능력이 모자람을 걱정하라.

논어論語 현문편에 있는 공자의 말이다. 논어는 총 1270자로 이루어진 공자와 그 제자들이 언행을 기록한 책이다.

### 2. 공자孔子는 누구인가

삶의 최고 가치인 '어질 인仁'을 주창한 인류의 스승으로서 7의 말과 행실을 기록한 논어는 지금까지도 많은 사람들에게 교훈과 감동을 주고 있다. 기원전 551년 노나라의 산둥성 곡부에서 세계 4대 성인의 한 사람으로 꼽히는 공자가 태어났다. 본명은 구, 자는 중니다. 공사의 유교 사상은 인간에게 중요한 덕목들로 공자는 때에 따라 인仁을 여러 가지로 설명하고 있다.

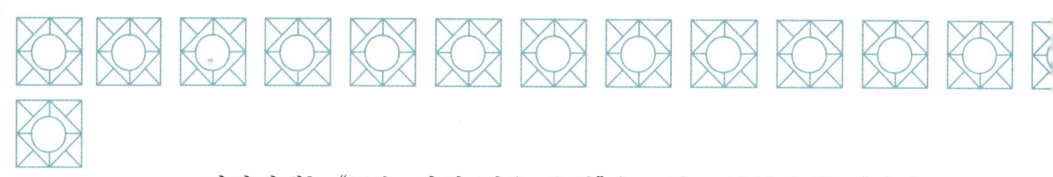

자장에게는 "공손, 관대, 믿음, 은혜"라고 했고 안연에게는 "자기를 이기고 예로 돌아가는 것이다"라고 했고 중궁에게는 "자기가 원하지 않는 것을 남에게 베풀지 않는 것이다"라고 했다. 공자는 곧 덕·예·지·충·효·경 등의 많은 윤리적 덕목을 통틀어 인(仁)이라는 용어로 표현했다. 공자는 인(仁)으로써 나라를 세우는 이른바 '왕도 정치'의 실현에는 실패했지만 인생의 진리를 가르쳐 준 영원한 스승으로 성공을 거두었다. 공자의 가르침인 유교가 동양의 정치, 도덕, 교육 등 거의 모든 분야에 커다란 영향을 미친 것을 보아 알 수 있다. "세 사람이 걸어갈 때는 그 가운데 반드시 스승이 있다."고 말했던 공자는 기원전 479년에 세상을 떠났지만 그의 사상과 가르침은 영원히 죽지 않을 것이다. 공자는 다음의 네 가지를 절대로 하지 않았다.

- 억측하지 않았고
- 기한이나 상황을 못박으려 하지 않았고
- 고집으로 일을 늦추지 않았고
- 사리 사욕을 도모하지도 않았다.

3. 공자가 말했다.

군자에게는 생각하는 것이 아홉 가지가 있다. 볼 때는 분명하게 볼 것을 생각하고 들을 때에는 분명하게 들을 것을 생각하여 얼굴빛은 온화하게 할 것을 생각하고, 모습은 공손할 것을 생각하며, 말은 충심을 다할 것을 생각하고 일은 경건히 할 것을 생각하며 의문이 생겼을 때에는 물을 것을 생각하고 화가 날 때에는 후환을 생각하며 이득을 얻을 것을 보면 의로운지 생각한다.　—공자 〈논어〉

- 예가 아니면 보지 말고 예가 아니면 듣지 말라. 예가 아니면 말하지 말고 예가 아니면 행동하지 말라.
- 사람을 가르치는 데 어떠한 차별도 두어서는 안 된다.
- 군자는 넓고 평탄하며 소인은 항상 근심한다.

공자가 "없으면서 있는 척하고, 텅 비어 있으면서 가득 찬 척하고 적으면서 많은 척하면 변치 않기가 어려울 것이다."라고 말하자 자공이 공자에게 물었다. "가난해도 아첨하지 않고 부유해도 교만하지 않다면 어떻습니까?" 공자는 "그것도 괜찮지만 가난하면서도 즐거워하며 부유하면서도 예의를 좋아하는 사람보다는 못하다."라고 대답했다.

- 가난하면서 원망하지 않는 것은 어려운 일이고 부유하면서 교만하지 않는 것은 쉬운 일이다.
- 사치스러우면 겸손해지지 못하고 검소하면 고루해진다. 겸손하지 못한 것보다는 차라리 고루한 것이 낫다.
- 아는 것보다는 좋아하는 것이 낫고 좋아하는 것보다는 즐기는 것이 낫다.
- 배움과 풀이에 빠져 밥 때를 다 잊어버렸지만 너무 즐거워 모든 걱정을 잊네.
- 세 사람이 길을 가면 반드시 거기에는 나의 스승이 있다. 그 중의 좋은 점을 골라 따르고, 좋지 않은 점을 골라 자신의 허물을 고친다.

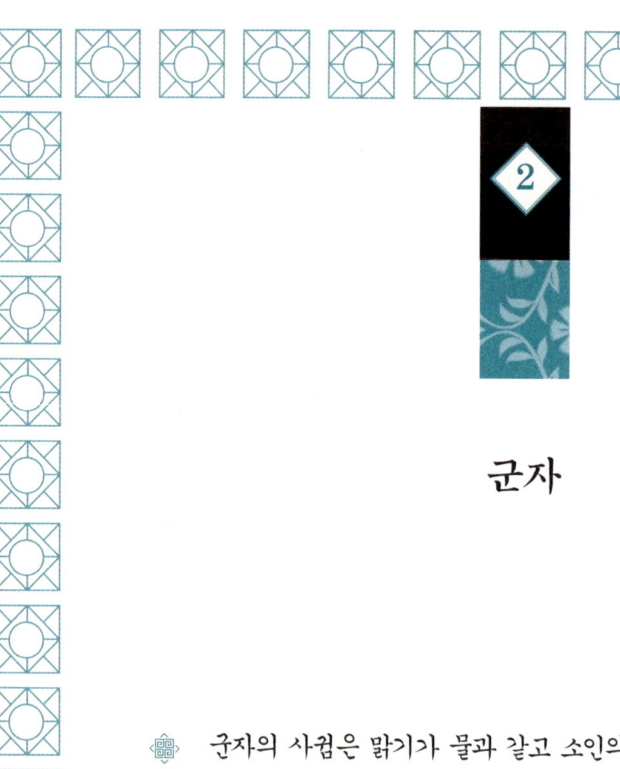

# 군자

> 군자의 사귐은 맑기가 물과 같고 소인의 사귐은 달콤하기가 단술과 같다.
> — 공자

공자는 말만 번지르르하게 하는 사람과 아첨하는 사람을 싫어했다. 아첨이란 사리사욕을 위해 자신을 속이는 행위이며, 곧 마음의 덕을 해치는 것이기 때문이다. 공자는 다음과 같이 말했다.

"말을 꾸며 하고 남의 비위를 맞추려고 얼굴빛을 곱게 하는 사람 중에는 어진 이가 드물다"

"말을 꾸며 하고 얼굴빛을 곱게 하고 공손을 지나치게 함을 옛날 좌구명左丘明이 부끄럽게 여겼는데, 나 또한 이를 부끄러워하노라. 원망을 감추고 그 사람과 사귐을 좌구명이 부끄럽게 여겼는데 나 또한 이를 부끄러워하노라."

사람들은 눈과 귀로 사물을 받아들이기 때문에 좋은 색깔과 좋은 소리를 선호한다. 때문에 보기 좋게 꾸미는 표정과 아첨하는 말에 현혹되기 쉽다. 하지만 정도를 지키고 욕심을 부리지 않는다면 속이는 언행에 넘어가지 않을 것이다. 언제나 변함없는 올바른 마음은 물과 같이 담백한 것이다.

> 배불리 먹고서 종일 마음 쓰는 일이 없다면 곤란한 일이다. 바둑과 장기가 있지 않으냐. 그것이라도 하는 것이 그래도 나으니라.
> ― 공자 양화편

그런 사람이 있다면 좀 모자란 사람 아니면 신체에 문제가 있어 정상인이 아닐 것이다. 바둑과 장기를 둘 줄 모르면 무보수로 남의 일을 돕든가 길거리 청소라도, 할 일은 얼마든지 있지 않은가?

> 세 사람이 같이 있을 때 그중 두 사람은 나의 스승으로 삼을 수 있다. 한 사람이 좋은 말과 행동을 하였다면 그 점을 배울 것이고 다른 한 사람이 말과 행동이 옳지 않았다면 나는 그렇게 하지 않으려고 거울로 삼을 것이다.
> ― 공자

널리 알려진 공자의 말이다. 배운다는 것은 반드시 글에서만이 아니라 일상생활 속에서 남의 언행을 통해서 배운다는 말이다. 현명한 사람은 어리석은 자가 현명한 사람에게 배우는 것보다 어리석은 자로부터 훨씬 더 많이 배운다는 것이다. 세상에는 모두가 스승이니 배우려고만 한다면 세상은 언제나 밝고 아름다울 것이다.

# 3

## 친구

◈ 군자의 사귐은 담담하기가 물과 같고 소인의 사귐은 달콤하기가 감주와 같다. 군자는 담담하고, 친근해 가고, 소인은 감미롭다가는 끊기고 만다.
— 장자

◈ 자기의 명성을 존중한다면 품성이 좋은 사람과 교제하라. 품성이 나쁜 친구와 사귀기보다는 혼자 있는 편이 낫기 때문이다.
— B 워싱턴

◈ 그 임금을 알려면 그 좌우를 보라. 그 아들을 알려면 그의 벗을 보라.
— 순자

◈ 불성실한 벗을 가질 바에야 차라리 적을 가지는 편이 낫다.
— 세익스피어

- 먹고 마시는 일에는 많은 친구가 있다. 그러나 위급한 일에 있어서는 친구가 몹시 드물다. —테오그니스

- 물이 너무 맑으면 고기가 없고, 사람이 너무 명철하면 친구가 없다. —공자

- 항상 무의한 사람을 피하고 어리석은 자와 가까이하지 말라. 어진 벗을 따르고, 뛰어난 사람과 가까이 지내라. —법구경

- 어리석은 자와 같이 종사하지 말고, 의당 선지식이나 슬기로운 사람과 사귀어야 한다. 사람에게는 본래 악이 없는 터이나 악인을 가까이하면 뒤에 가서 반드시 악인이 되어 악명이 세상에 두루 퍼지게 된다. 그러나 슬기로운 벗의 경우에는 이와 반대인 것이니 그러기에 응당 가까이 해야 한다. —중일 아함경

세존께서는 "향을 싼 종이에서는 향내 나고 생선 싼 종이에서는 비린내가 난다."는 비유를 들어 친구를 사귈 때에 가려서 사귀라 일러 주었다.

옛 시조에도 '까마귀 노는 곳에 백로야 가지 마라'라는 구절이 있다. 이것은 질이 안 좋은 사람이나 불량한 사상을 가진 사람들과 어울리다 보면 좋지 않은 물이 들까 싶으니 경계하라는 뜻이다.

말과 행동이 올바른 사람은 비록 악한 무리가 모인 속에 있어도 자기를 미워하고 괴롭히는 적敵이 없다. 남을 원망하고 싫어하기 전

에 자기 자신을 먼저 되돌아보는 것도 순리일 것이다. 그러나 '유유상종'이라는 말처럼 어울려 노는 친구들을 보건대 대개 끼리끼리다. 맹모삼천이란 말이 그냥 생겼을까.

> 부유하다고 친하지 않으며, 가난하다고 멀리하지 않는 것 이것이 바로 인간의 대장부요. 부유하면 가까이하고 가난하면 멀리하는 것 이는 인간 중에 참으로 소인배이다. ─ 소동파*

사람을 사귐에 인격을 바탕으로 해야 한다. 빈부를 따지고 물질을 의식하며 교제해서는 안 된다. 사람의 삶에서 물질은 필요한 것이지만 물질로 인해 사람의 격이 떨어지는 것은 참으로 안타까운 일이라 하겠다.

### 참 친구

왕이 한 사람을 데려오라고 명했다. 왕이 데려오도록 한 사람은 세 사람의 친구를 가지고 있었다. 그는 첫 번째 친구를 가장 원한다고 생각하고 소중하게 여겼다. 두 번째 친구는 친하다고 생각했지만 첫 번째 친구만큼 소중하다고 여기지는 않았다. 세 번째 친구는 친구라고 생각했을 뿐 많은 관심을 두지 않았다. 마침내 왕의 부

---

* 소동파 1037~1101 북송의 문장가. 이름은 식軾이고 부친은 소순蘇洵이다. 동생 소철蘇轍과 함께 삼소三蘇라 일컬어진다. 이 세 사람은 모두 당송 팔대가唐宋八大家로 후세에 칭송을 받았다.

름을 받고 그는 "잘못을 한 것이 있지 않나?" 하고 생각했다. 그러자 벌을 받게 될 것이 두려웠다. 그는 첫 번째 친구에게 함께 가자고 부탁했다. 그런데 소중하게 여겼던 그 친구는 단번에 싫다고 거절하는 것 아닌가? 두 번째 친구에게 부탁하자 그는 성문 앞까지는 같이 가 줄 수 있으나 그 이상은 어렵다고 대답했다.

그는 어쩔 수 없이 세 번째 친구를 찾았다. 그런데 기대했던 것과 달리 그 친구는 당연히 함께 가겠다고 나섰다.

"자기가 죄지은 것이 없으면 걱정할 것 없네. 나도 왕에게 잘 말씀드리겠네."

첫 번째 친구는 재산이다. 그것이 아무리 소중해도 죽을 때는 남겨 두고 가야만 하는 것이다.

두 번째 친구는 친척이다. 죽어서 무덤까지를 따라가지만 그곳에 남겨 두고 떠나 버린다.

세 번째 친구는 선행이다. 평소에는 눈에 잘 띄지 않지만 죽어서는 영원히 함께할 수 있다.

## 성선설性善説

◈ 측은하게 여기고 부끄러워하고 사양하는 마음은 예의 본질이 있어서다.
— 맹자

맹자는 사람은 천부적으로 선한 본성을 타고난다고 주장한다. 그 근거로서 측은지심惻隱之心, 수오지심羞惡之心, 사양지심辭讓之心, 시비시심是非之心 이 사단四端이 누구에게나 있음을 제시한다. 그러나 후천적으로 환경에 따라 이욕利慾에 의해 본성이 망각되고 은폐되어 자기의 참된 존재를 잃어버린다고 한다.

맹자는 정신적이고 도덕적인 성격이 강해지며 도덕을 중요시했다. 맹자BC 372~289는 중국 전국 시대 사상가이며 정치가로 이름은 가軻이고 자는 자여子輿이다. 공자의 인仁 사상을 발전시켜 인의예지仁義禮智 네 가지 덕이 인간의 본성이라고 정의하였으며 인간 본성이 착하다고 하는 '성선설'을 주장하였다.

그러나 아무리 착한 본성이 있더라도 그냥 방치하면 황폐화되기 쉽기 때문에 이를 잘 보존하기 위하여 후천적인 교육이 필요하다고 역설하였다.

인간은 자연과 구조적 유사성을 가지고 있는 동물 중 가장 뛰어난 동물이다. 인간의 일반적 본성에 대해 공자의 '성상근습상상원性相近習尚相遠' 및 순자의 성악설을 종합하여 인간의 성품을 세 등급으로 분류하는데 제1등급은 성인의 성품聖人之性으로 인간은 선천적으로 선하기 때문에 교화가 필요 없다. 제2등급은 보통 사람의 성품 즉 중민지성中民之性으로서 선한 바탕과 정욕情欲을 동시에 가지고 있어서 선으로도 악으로도 될 수 있으므로 교화를 받아 선하게 된다. 제3등급은 도량이 좁은 사람의 성품 즉 두소성품斗筲性品으로서 선천적으로 악해서 교화를 해도 선하게 될 수 없다. 보통 사람에게 천성과 인위의 관계는 벼禾와 쌀精의 관계와 같다고 설명한다. 천성 속에는 선으로 될 수 있는 가능한 자질이 있지만 그것은 후천적으로 계발되어야 비로소 선이 된다는 것이다. 이는 인간의 선천적 본성을 중시하면서도 후천적 노력이 필요함을 주장하는 것으로서 맹자의 성선설을 기본적으로는 수용하면서도 순자의 성악설 및 인위와 환경에 대한 강조를 보안적으로 받아들이는 것이다.

맹자는 총 43,685자로 이루어져 있다.

※ 하지 않을 일을 하지 말며 욕심부리지 않을 일은 욕심부리지 말아야 한다. 군자의 도는 이와 같을 따름이다.

사람이 본받고 싶어 하는 사람을 선인善人이라 하고 좋은 점을 몸에 지니고 있는 사람을 신인信人이라 하고 또 착한 일을 가득 채우고 있는 사람을 미인美人이라 하며 덕이 가득 차서 빛이 나는 사람을 대인大人이라 하며 덕이 가득 차고 커서 남을 감화시키는 사람을 성인聖人이라 하고 성스러우면서도 알아볼 수 없는 사람을 신인神人이라 한다.

옛날의 어진 왕들은 어진 선비를 신하로 삼지 않고 먼저 스승으로 삼았다.

인仁하지 않고서 나라를 얻은 자는 있어도 인仁하지 않고서 천하天下를 얻은 일은 있지 않았다.

어질고 현명한 사람을 신임하지 않으면 공허해진다. 예의를 무시하면 상하上下 질서가 문란해진다. 정치를 제대로 하지 못하면 재용이 부족해진다.

\* 공허: 인재가 없음. 재용:재정

제후의 보배는 세 가지가 있다. 토지, 인민, 정사이다. 구슬을 보배로 삼는 제후는 반드시 재앙이 몸에 미치게 된다.

대통령들이 감옥에 가는 것이 구슬 때문인가 보다.

- 인仁의 핵심은 어버이를 섬기는 일이고 의義의 핵심은 형兄을 따르는 것이다.

- 닭이나 개를 잃어버리면 찾으러 나설 줄 알지만 마음을 잃었는데도 찾을 생각을 하지 않는다.

- 싹은 돋아났으나 꽃을 피우지 못하는 것도 있고 꽃은 피었으나 열매를 맺지 못하는 것도 있다.

- 화려한 화술, 변화무쌍한 표정 이런 사람들 중에 신뢰할 만한 사람은 많지 않다.

- 옳지 못한 일을 하고도 고치지 않는 것을 잘못이라고 한다.

- 나이 40세가 되어서도 남에게 미움을 받으면 그 사람의 일생은 그대로 끝이다.

― 四書의基本 論語內容中에서

- 굶주린 자는 달게 먹고 목마른 자는 달게 마신다. 이것은 음식의 정당한 맛을 안 것이 아니라. 굶주림과 목마름이 그를 해친 것이다. 그러나 어찌 입이나 배에만 굶주림과 목마름의 해가 있으랴. 사람의 마음에도 그러한 해害는 있느니라.

― 맹자盡心章句上

마음의 등불

## "그냥 들판에 버려라"

　장자莊子 부인이 죽었다. 제자와 친구들이 찾아가 보니 장자는 음악을 즐기고 있었다. 슬퍼하지 않고 왜 그러냐고 물으니 "얼마나 좋으냐 고생하지 않고 좋은 곳으로 갔으니."라고 말했다. 관이라도 하나 만들어 장사 지낼 것을 권하자 장자는 "그냥 들판에 버려라."라고 말했다. 친구들이 "그럼 땅에다 그냥 묻자."고 하자 장자는 "독수리와 올빼미에 줄 것을 왜 땅강아지와 개미에게 줘야 속이 시원하겠냐?"라고 말했다.

　정말로 장자가 그런 말을 했을까? 진짜라면 해도 너무한 것 아닌가? 그건 그렇다고 하고 본말로 들어가 장자나 노자를 도가라고 한다. 왜? 그들은 도에 대해 연구를 많이 했으니까. 장자는 분방한 자연주의자다. 우화로 비유한 이야기가 많다. 장자는 가난했지만 아첨하거나 부자를 부러워하지 않고 유유자적하며 비굴하게 영화를 누리려고 하지 않았다

영롱한 색은 눈을 멀게 한다. 아름다운 소리는 귀를 멀게 한다. 진한 냄새는 후각을 마비시킨다. 진수성찬은 입을 버리게 한다. 좋은 것만 찾아다니는 것은 마음을 어지럽힌다. 위 다섯 가지는 삶에 쥐약이다. ─ 장자[*]

큰 지혜가 있는 사람은 영고성쇠를 알고 있으므로 얻었다 해서 기뻐하지 않고 잃는다 해서 근심하지 않는다. 그는 운명의 변화무쌍함을 알고 있기 때문이다. ─ 장자〈외편 제17〉

### 경천동지할 재치

장자가 어느 날 친구에게 쌀 한 되를 꾸러 갔다. 친구가 말했다. "걱정 말게. 가을 추수 끝나면 쌀 몇 가마니를 줄 작정인데…." 장자가 말했다. "어제 일이 있어 이 근처에 왔는데 뒤에서 누가 나를 불러 돌아보니 아무도 없더군. 이상하다 싶어 천천히 둘러보니 수레바퀴에 파인 자국에 빗물이 조금 고여 있는데 거기서 물고기 한 마리가 허덕이고 있었는데 그놈이 나를 부른 거야. 물고기란 놈 하는 말이 나는 황해 바다 용궁의 사신이요. 어쩌다가 이 꼴이 되었으니 물 한 바가지만 속히 부어 주시오." 내가 대답했지. "걱정 말게. 내가 남쪽 나라 황제를 어떻게든 설득해서 황해 바다의 물줄기를

---

[*] 장자 B.C 365~B.C 290 중국 송나라 사람으로 이름은 주周이다. 그의 주장이 노자老子 사상에 기초를 두었으므로 함께 노장老莊이라고 부르기도 하는데 인위적인 세계관을 부정하고 무위자연의 세계관을 주장하였다.

이곳으로 끌어와 당당하게 당신을 맞이하겠네. 그랬더니 물고기가 핏대를 내면서 "이 죽일 인간아 내가 오늘 일진이 사나워 이 지경이 되었다만 물 한 바가지면 며칠은 버틸 수 있어. 그런데 황해 바닷물 운운하면서 나를 엿먹여? 빨리 건어물 가게나 가서 말라 비틀어진 내 육신이나 구경해라."

　괘씸한 친구를 통쾌하게 골려 준(앙갚음) 장자의 포복절도할 유머. 그 기발한 재치야말로 백만 냥 아니 천만 냥짜리 아닌가?

　◈ 언덕은 낮은 것이 쌓여서 높아지고 강은 작은 물이 합류해서 커진다. 이와 마찬가지로 대인은 작은 지혜를 합하고 아울러 큰 지혜를 이룬다.　　　　　　　　　　　　　　　— 장자〈외편 제25〉

　◈ 오리 다리가 짧다고 늘여 빼지 말아라. 죽을 수도 있다. 학의 다리가 길다고 자르지 마라. 학이 죽을 수도 있다. 짧은 놈은 짧은 놈 나름대로 의미가 있고 긴 놈은 긴 놈대로 의미가 있다. 이유가 있어 길게 짧게 태어났는데 부질없이 늘이고 줄이기 위해 애쓰지 말지어다.　　　　　　　　　　　　　　　　　— 장자

　◈ 우물 안 개구리에게 바다를 이야기할 수 없음은 좁은 우물에만 갇혀 있기 때문이며 여름철 벌레에게 얼음을 이야기할 수 없음은 한 계절에만 살기 때문이며 견식이 좁은 사람에게 도道를 이야기할 수 없음은 세속적인 가르침에만 구속되어 있기 때문이다.

　　　　　　　　　　　　　　　　　　　　— 장자〈외편 제17〉

사람에게는 빠지기 쉬운 여덟 가지 잘못이 있으니 잘 살피지 않으면 안 된다. 자기가 할 일이 아닌데 하는 것을 주책이라 하고, 상대방이 청하지도 않는데 의견을 말하는 것을 망령이라 하며, 남의 비위를 맞추어 말하는 것을 아첨이라 하고, 시비是非를 가리지 않고 마구 말하는 것을 분수 적다 하며, 남의 단점을 말하기 좋아하는 것을 참소라고 하고 남의 관계를 갈라놓는 것을 이간이라 하며 나쁜 짓을 칭찬하여 사람을 타락시키는 것을 간특하다 하고, 옳고 그름을 가리지 않고 비위를 맞춰 상대방의 속셈을 뽑아 보는 것을 음흉하다 한다. 이 여덟 가지 잘못은 밖으로는 남을 어지럽히고 안으로는 자기 몸을 해치기 때문에 군자는 이런 사람을 친구로 사귀지 않고 명군明君은 이런 사람을 신하로 삼지 않는다.

— 장자〈잡편 제31 어부〉

가야 할 때를 알고 가는 사람은 뒷모습이 아름답다.　　— 주역周易*

---

\* 주역周易은 사서삼경의 하나로 역경易經이라고도 한다. 주역은 우주 만물의 이치, 변하고 바뀌는 현상, 음양과 태음과 소음, 부드러움과 강함, 길흉, 하늘, 땅, 바람, 번개, 산, 연못, 물, 불, 팔괘와 관계 있는 동양 철학이며 점성술이며, 난공불락의 경전이다.

# 6

## 존재와 질서

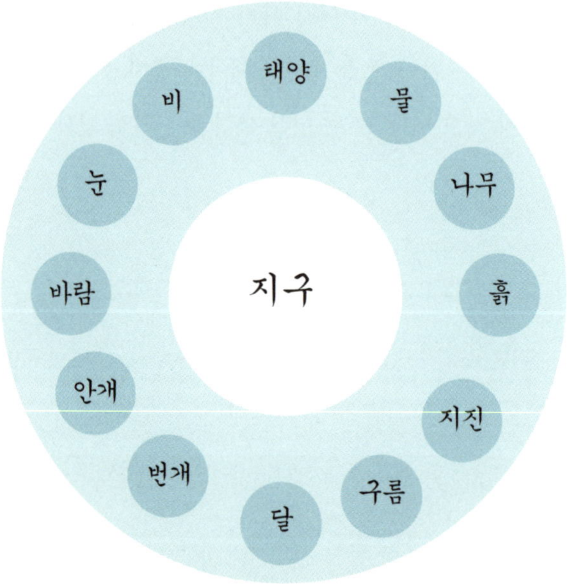

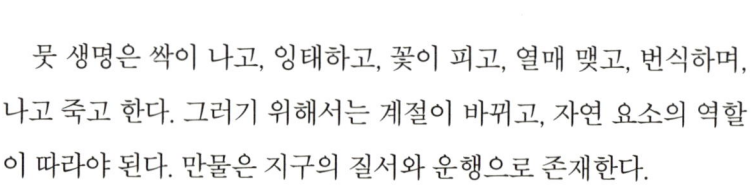

뭇 생명은 싹이 나고, 잉태하고, 꽃이 피고, 열매 맺고, 번식하며, 나고 죽고 한다. 그러기 위해서는 계절이 바뀌고, 자연 요소의 역할이 따라야 된다. 만물은 지구의 질서와 운행으로 존재한다.

- 때로는 총명함을 감추는 것이 길吉하다. ―주역

- 아무리 미운 사람일지라도 만나야 한다. ―주역

- 진심과 믿음 사이에서 초연하여 마음의 동요를 일으키지 않고 안정된 사람은 다른 사람에게 비난을 받지 않는다. ―주역

- 올바르다고 늘 좋은 것은 아니다. 중요한 것은 균형 감각이다. ―주역

**진실하더라도 섣불리 행동하면 흉하다.**

맹자는 공자가 국운이 되살아나길 기다리며 떠나기를 늦추자 이렇게 말한다. "빨리 떠날 만한 것은 빨리 떠나고 미련을 두고 더 머무를 만한 것은 더 머물며 있을 만한 곳이면 있고 벼슬을 할 만하면 벼슬을 하는 사람이 공자다."라고 공자를 극찬했다.

# 중용론

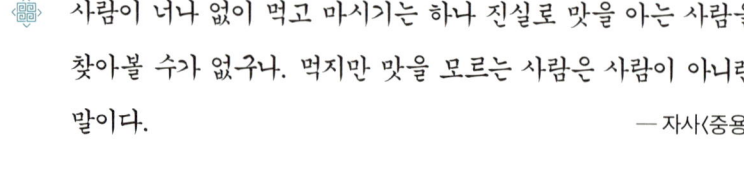

사람이 너나 없이 먹고 마시기는 하나 진실로 맛을 아는 사람을 찾아볼 수가 없구나. 먹지만 맛을 모르는 사람은 사람이 아니란 말이다.

— 자사〈중용〉

'사기'에 중용中庸은 공자의 손자인 자사가 지었다고 기록되어 있다. 중용은 원래 13경 중의 하나인 '예기' 속에 포함되어 있었고 예기는 총 49편으로 그중 31편이 중용이었고 한나라 이후 분리하여 읽혔다. 중용론은 그후 사대부의 필독서가 되었고 하늘과 사람을 다룬 '천인론', 중용의 본질을 규명한 '중용론', 도에 대해 설명한 '도론道論', 성실함에 대해 답한 '성실론', 성인에 대해 답한 '성인론' 등으로 분류된다. 때문에 자연과 인간 관계를 그대로 풀어냈기 때문에 심법 즉 마음을 다루는 법이라고도 한다. 중용은 하늘의 도리와 인간의 도리를 중용지도라는 원리로 제시하고 있다.

- 지혜 있는 사람은 말을 하지 않는다. 말을 하는 사람은 지혜 있는 사람이 아니다. — 자사

- 나쁜 것은 숨겨 주고 좋은 것은 널리 알려 주었다. — 자사

- 아첨꾼을 멀리하고 여색을 밝히지 않으며 돈에 얽매이지 않고 덕행을 소중히 여기는 것이 능력 있고 상식 있는 사람이 되는 방도이다. — 자사

- 백 년을 모은 재산을 하루아침에 잃을 수도 있지만 3일의 참된 기도는 천년을 빛나게 할 수 있다. — 자사

## 사고를 잘 치는 세 가지 유형
1. 어리석으면서도 잘난 체하기를 좋아하는 사람
2. 비천하면서도 스스로 중요하다고 착각하는 사람
3. 현재에 태어났으면서도 옛길로만 돌아가려는 사람

- 군자는 조화를 이루지만 절대 휩쓸려 흘러가지 않는다. 이 얼마나 강하고 굳센 것인가.
- 넓게 배우고, 상세히 묻고 신중히 생각하라.
- 인격과 능력을 겸비한 사람은 먼저 자신에게 뿌리를 내리고 나서 그다음에 대중의 검증을 받는다.
- 여기서도 저기서도 미워하는 사람이 없네. 밤이나 낮이나 스스로 삼가서 명예를 길게 누리네.

마음의 등불

# 8

## 재물과 탐욕

◈ 욕심이 지나쳐서 망하는 자는 있어도. 욕심이 없어서 위급에 몰리는 사람은 없다.　　　　　　　　　　　　　　　　— 회남자

◈ 만족할 줄 알면 즐거울 것이요 탐욕에 힘쓰면 근심이 있을 것이다.
　　　　　　　　　　　　　　　　　　　　　　　　— 경행록

◈ 만족은 천연의 부귀이다.　　　　　　　　　　　— 소크라테스

◈ 족함을 모르는 사람은 부유하더라도 가난하고 족함을 아는 사람은 가난하더라도 부유하다.　　　　　　　　　　　　— 석가

◈ 의로움이 욕심을 이기면 창성하고 욕심이 의로움을 이기면 망한다.
　　　　　　　　　　　　　　　　　　　　　　　　— 강태공

**욕심에는 끝이 없다.**

지나친 욕심 때문에 진나라 시황제는 전국 통일이라는 업적을 달성했지만 국민들의 원망을 들었다.

달에서도 보인다는 '만리장성', 성의 길이가 2,400킬로미터나 되고 공사에 동원된 사람은 3백만 명이나 됐다. 성의 건설에 세금을 감당할 길이 없어 괴로움을 겪었지만 10년간 공사장 안에서 묶여 지내야 했고 학식이 높은 대학자들을 함양성 안에 거대한 구덩이를 파고 그 구덩이 안에 450명의 학자들을 묻어 버렸으며 공자와 맹자의 가르침을 적은 책들도 모두 거둬 불살라 버렸다. 해서 "분서갱유焚書坑儒"라 불리는 이 참혹한 사건은 기원전 212년에 벌어졌던 일이다.

뿐만 아니라 13세에 왕위에 오르면서 여산이라는 곳에 자기가 죽으면 묻힐 능을 만들기 시작했는데 높이가 116미터, 묘 주위의 길이가 2.5킬로미터나 되고 묘 사랑의 길이가 600미터로 웬만한 산보다 더 큰 높이였다.

75만 명의 죄수들이 동원되어 만들어진 이 능은 시황제가 50세 되었을 때 완성되었다. 능 주위에는 수호신을 6천 개나 세웠으며 욕심은 여기서 끝나지 않고 아방궁을 짓기 시작했다. 아방궁은 크기도 어마어마하지만 본궁 앞에 누각을 지었는데 위층에만 만 명이 앉을 수 있는 규모였다. 그러나 시황제는 아방궁이 채 완성되기도 전에 멸망해 버렸다. 진나라는 멸망하여 역사 속으로 사라진 것이다.

❖ 사람들은 많은 것을 원하지만 그에게 필요한 것은 극히 적다. 인생은 짧고 인간의 운명에는 한이 있기 때문이다. — 괴테

❖ 나는 가장 적은 욕망을 갖고 있기 때문에 신에게 가장 가까울 수 있다. — 소크라테스

❖ 사람은 욕심이 많으면 의가 부족하고, 걱정이 많으면 기를 다치며, 두려움이 많으면 용기를 축낸다. — 회남자

❖ 논밭은 잡초 때문에 손해를 보고 사람은 탐욕 때문에 손해를 본다. — 법구경

❖ 탐욕으로부터 걱정이 생기고 두려움이 생긴다. 탐욕이 없는 곳에 걱정이 없거니. 또 어디에 두려움이 있겠는가. — 법구경

❖ 탐욕에서 근심이 생기고, 탐욕에서 두려움이 생긴다. 탐욕에서 벗어나면 무엇이 근심이 되고 무엇이 두려우랴. — 법구경 法句經〈제16장 215〉

❖ 어리석은 자는 탐욕으로 몸을 묶어 피안의 세계를 바라볼 줄 모른다. 이 탐욕을 버리지 않으면 남을 해칠 뿐 아니라 스스로 망한다. — 법구경 法句經〈제24장〉

❖ 사람들은 재물을 탐내기에 마음을 쏟고 권력을 탐내기에 힘을 기울여, 마음이 편하면 향락에 빠지고 몸이 기름지면 주먹을 휘두르나니 이것이 큰 병이다. ― 장자

### 소탐대실 小貪大失

입에 고깃점을 물고 개가 강을 건너가고 있었다. 물속에 비친 제 그림자를 본 개는 그것이 더 큰 고깃점을 물고 있는 다른 개라고 생각했다. 물고 있던 고깃점을 떨어뜨리고 다른 개의 것을 채 가지려고 펄쩍 뛰었다. 하나는 본래 없던 것이고 제 것은 떠내려가고 말았다. 소탐대실이란 말이 있듯 작은 것을 탐하다가 큰 것을 잃는다는 뜻이다. 그러므로 탐욕은 좋을 리가 없는 것이다.

아흔아홉 섬의 쌀을 가진 사람이 한 섬 가진 사람 것을 빼앗아 백 섬을 채우고 싶어 하는 것이 인간의 모습이기도 하다. 그처럼 욕심이란 끝이 없다. 우리는 끝이 없는 욕심을 채우기보다는 오히려 욕심으로 가득 찬 마음을 비우고 대신 그 자리에 만족할 줄 아는 착한 마음을 채워야 한다.

# 말<sub>言</sub>의 두 가지 성질

❖ 군자는 말이 적고 행동에 민첩하다.     — 논어

❖ 추악한 말은 날카로운 칼, 탐욕은 독약, 성냄은 사나운 불, 무명은 더없는 어둠이다.     — 청천문경

❖ 개는 잘 짖는다고 좋은 개가 아니요. 사람은 말을 잘한다고 현인 賢人이 아니다.     — 장자〈잡편 제24 徐無鬼〉

❖ 남의 말을 전하거나 험담하는 자의 말에 귀 기울이지 말라. 그런 사람은 무엇 하나라도 선한 뜻으로 말하지 않는 법이다. 그가 다른 사람의 비밀을 폭로한 것 같이, 다음번에는 당신의 비밀을 들추어내려 할 것이다.     — 소크라테스

◈ 사람이 말을 함부로 하는 것은 책임을 지지 않기 때문이다.

— 맹자

◈ 입보다 귀를 상석에 앉게 하라.
사람은 입으로 망하기는 쉬워도 귀 때문에 망하지는 않는다. 입은 자신을 주장하지만 귀는 사람들의 주장을 듣는 것이다. 사람은 자아가 강한 만큼 자아를 다른 사람에게 강조하기 위해 말이 늘어난다. 이것은 경계해야 한다. 한편 사람에게 입은 하나인데 귀가 둘인 것은 주위의 소리를 잘 들어야 생존할 수 있기 때문이다.

— 탈무드

◈ 황금 천 냥이 소중할 것이 없고 사람에게서 좋은 말 한마디 들음이 천금千金보다 낫다.

— 명심보감〈省心編〉

◈ 입은 화를 불러오는 문이요 혀는 목을 베는 칼이다. 입을 닫고 혀를 깊이 감추면 몸이 어느 곳에서나 편안하리라.

— 해동야언3 海東野言三〈燕山君〉

◈ 군자는 행동으로 말하고 소인은 혀로 말한다. — 공자

◈ 덕이 있는 사람은 말도 또한 훌륭하지만, 말이 훌륭한 사람이라 해서 반드시 덕이 있지는 않다. 인자한 사람은 용기가 있지만 용기가 있다 하여 반드시 인자한 것은 아니다. — 공자

마음의 등불

❈ 친절한 말 한마디가 3개월간의 겨울을 따스하게 해준다.

— 일본 속담

❈ 급하게 질문을 받더라도 대답은 천천히 하라.

— 이탈리아 속담

❈ 현명한 사람에게는 한마디 말로 족하다. 말은 많지만 필요 없기 때문이다.

— B 프랭클린

❈ 사람이 깊은 지혜를 갖고 있으면 있을수록 자기의 생각을 나타내는 그 말은 더욱더 단순하게 되는 것이다. 말은 사상의 표현이다.

— LN 톨스토이

❈ 평행선을 행하였어도 한마디 잘못으로 이를 깨뜨릴 수도 있다.

— 공자

❈ 세 치의 혓바닥으로 다섯 자의 몸을 살리기도 하고 죽이기도 한다.

- 동양 명언

❈ 깜박이는 한 점의 불티가 능히 넓고 넓은 숲을 태우고, 반 마디 그릇된 말이 평생의 덕을 허물어뜨린다.

— 고종황제

- 군자는 말 한마디로써 지혜롭다고 평가되기도 하고, 말 한마디로써 어리석다고 평가되기도 한다. 고로 말이야말로 삼가지 않을 수 없다.
  ― 공자

- 말을 착하고 부드럽게 하라. 악기를 치면 아름다운 소리가 나오듯이 그렇게 하면 몸에 시비是非가 붙지 않고 세상을 편안히 살다 가리라. 비록 신통한 약이라도 병이 뜨거운 환자가 먹으면 죽고, 비록 지저분한 것이라도 병이 뜨거운 환자가 먹으면 살아나기도 한다. 언어言語를 사용하는 길도 꼭 이 이치와 같다.
  ― 이지함〈토정집〉

- 인격은 아주 천천히 형성되지만 믿을 수 없을 정도로 순식간에 무너질 수도 있다.
  ― 페이스 볼드윈

- 군자가 가난하여 물질로써는 사람을 구할 수 없을지라도, 어리석게 방황하는 사람을 만나 일언一言으로써 끌어올려 깨어나게 하고, 위급하고 곤란한 사람을 만나 일언으로써 풀어 구해 준다면 이 또한 무량無量의 공덕이다.
  ― 홍자성〈채근담〉

- 거리의 상인이 지나가며 외쳤다. "인생의 비결을 사시오." 많은 사람들이 인생의 비결을 사기 위해 모여들었다. "인생의 비결이 어디 있소?" "인생을 새롭게 살기 원한다면 혀를 조심해서 쓰면 돼요."
  ― 탈무드

◈ 말이 씨이며 씨가 곧 열매니라.　　　　　　　　—불경佛經

## 말씨, 글씨, 마음씨, 솜씨

씨, 씨앗(곡식알 ~ 열매 씨) 열매는 태우고, 썩히고, 깨트려 버리면 싹이 나오지 않지만 말씨, 글씨, 마음씨, 솜씨의 씨는 천 년 만 년이 가도 사라지지 않는다.

말은 약이고, 독이고, 칼이고, 창이고, 전쟁이고, 평화이며, 행복과 불행, 천국과 지옥, 사랑과 미움, 원수와 적, 복수와 상처를 가져온다. 또한 말이란 목숨을 살리고 죽이고, 호감과 반감과 상대의 내면과 현실의 삶을 엿볼 수 있는 지금의 현상이요, 근본적으로 행해지는 모습이라 할 것이다. 그러므로 말을 부드럽고 아름답고, 친절하고, 고맙고, 감사하고, 죄송하고, 면목없고, 미안하고, 사랑하고, 존경하는 마음으로 한다면 어느 누가 그를 싫어하고 미워하랴! 한 마디의 말로 천 냥 빚을 갚는다는 속담도 있듯.

◈ 혀1

랍비가 학생들에게 소와 양의 혀로 만든 음식으로 만찬을 열었다. 음식에는 딱딱한 혀와 부드러운 혀가 섞여 있었다. 학생들은 부드러운 혀를 골라 먹었다. 랍비가 이것을 보고 말했다. "너희들도 혀를 부드럽게 해야 한다. 딱딱한 혀는 다른 사람을 화내게 하기 마련이다."　　　　　　　　—탈무드

### 혀 2

랍비가 하인에게 시장에 가서 좋은 음식을 사 오라고 했다. 하인은 혀를 사 왔다. 며칠 후 랍비가 그 하인에게 조금 싼 음식을 사 오라고 했다. 하인은 이번에도 혀를 사 왔다. 랍비가 좋은 음식과 싼 음식 모두 혀를 사 온 까닭을 물었다. 하인은 말했다. "혀로 말하자면 좋은 때는 그보다 더 좋을 수 없고 나쁠 때는 그 이상 더 나쁜 것이 없기 때문입니다."

― 탈무드

### 행복하고, 고맙고, 용기와 힘이 솟는 말

A라는 사람은 월급날이 되면 마음이 괴롭다. 퇴근하여 부인에게 월급봉투를 주면, "이것을 돈이라고 주냐"라며 쓸 곳은 많은데 적다고 불평한다. 그럴 때는 남자는 기가 죽고 자신의 무능함에 한숨 쉬며 비애와 허탈감에 사는 재미가 없단다.

B라는 사람은 비슷한 액수이지만 월급날이면 자기도 모르게 신바람이 난단다. 부인에게 월급봉투를 건네면 "고생했어요. 잘 쓸게요." 하며 고맙게 받는다. 그런 말을 들으면 남자는 기분이 좋고 부인이 착해 보인단다.

그리고 정성껏 밥상을 차려 주는 그런 부인에게 고마워하며 사는 맛이 난단다.

# 적을수록 좋은 말

吉人之辭寡　躁人之辭多
덕 있는 사람은 말수가 적고
덕 없는 사람은 말수가 많다.

길인吉人이란 덕을 갖춘 훌륭한 인물이고 조인躁人이란 그와 반대되는 사람이다. 따라서 덕이 있는 인물은 말수가 적고 덕이 없는 사람일수록 말을 많이 하는 법이다.

원래 말이란 그 사람 속에서 움직이고 있는 마음을 나타낸다. 《역경易經》은 또 이렇게 말하기도 한다.

'남을 배신한 사람은 그 말이 버젓하지 못하고 마음에 의심을 가진 사람은 그 말이 횡설수설橫說竪說하고 선善을 악惡이라고 말하는 사람은 논리論理에 일관성一貫性이 없으며 신념信念을 갖지 않고 말하는 사람은 사용하는 말이 비굴卑屈하다. 그러므로 말을 할 때에는 깊이 음미吟味한 다음에 하고 발언發言은 신중히 생각한 다음에 해야 한다. 수다를 떠는 것은 백 가지 해害는 있을지언정 한 가지 이利도 없다. 여자의 치마 길이와 연설演說은 짧을수록 좋다는 말도 있지 않은가.

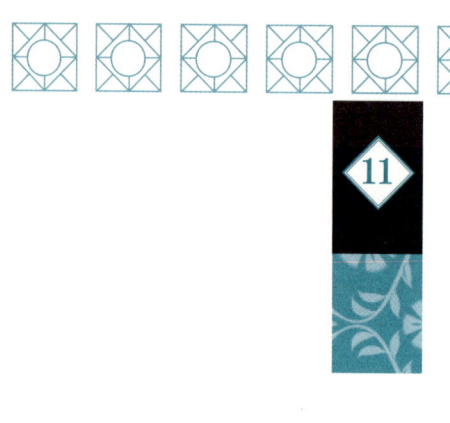

## 유태인을 본받아야

❖ 열심히 자신의 결점을 찾는 사람에게는 다른 사람의 결점이 보이지 않는다. 다른 사람의 결점을 찾으려 애쓰는 사람은 자신의 결점을 보지 못한다.
— 탈무드

❖ 처형

닭이 태어난 지 얼마 되지 않은 어린아이의 머리를 쪼아 죽였다. 결국 그 닭은 재판을 받게 되었다. 증인이 나와 닭의 잘못을 증언했다. 닭은 유죄 판결을 받고 사형에 처해졌다. 과연 아이의 죽음이 닭의 잘못이었을까? 태어난 지 얼마 되지 않은 어린아이를 방치한 부모의 잘못이 간과되어 있다. 아무리 하찮은 동물이라도 증인의 증언만으로 죄를 인정하고 처형해서는 안 되는 것이다.

— 탈무드

◈ 함께하기 어려운 사이

양과 호랑이가 한 우리 안에 함께 있기는 어렵다. 홀아비인 시아버지와 과부 며느리는 한집에서 살기 어렵다. ―탈무드

### 비非유태인

왕이 많은 양을 기르고 있었다. 양치기는 그 양을 방목했다. 어느 날 양과 전혀 다른 동물이 양들 속에 섞여 있었다. 왕은 양치기에게 그 동물을 잘 보살펴 주도록 명했다. 왕은 의아해하는 양치기에게 말했다.

"양들은 처음부터 내가 길러 왔으니 이상할 것이 없다. 그러나 저 동물은 줄곧 다른 데서 살아왔을 터인데도 이렇게 양들과 같이 생활하니 참으로 대견하지 않으냐?"

양들과 마찬가지로 유태인들은 유태의 전통을 익히며 자란다. 반면 유태인의 전통과 다른 환경에서 살던 사람이 유태인의 문화를 공부하는 경우 그는 유태인보다 더 큰 대우를 받는다.《탈무드》는 세상 사람들이 어떤 신앙을 찾고 있더라도 착하게 살면 구원을 받는다고 전하고 있다. 모든 사람을 유태인처럼 만들려고 할 필요가 없다는 것이다.

### 담장

유태인들은 수녀나 결혼하지 않은 승려를 신뢰하지 않는다. 순리에 어긋난다고 생각하기 때문이다.《탈무드》는 "1미터의 담장이 100미터의 담장보다 낫다."고 말한다. 100미터의 담장은 쉽게 무너

질 수 있기 때문이다. 사람이 성에 관계없이 사는 것은 100미터의 담장에 비유된다.

《탈무드》는 남자가 18세에 결혼하는 것이 이상적이라고 전하고 있다. 아내가 없는 유태인은 하나님의 축복을 받지 못한다.

**남자의 일생**
남자의 일생은 일곱 번 변한다.

- ◆ 한 살은 왕 = 모든 사람들이 왕처럼 받들어 준다.
- ◆ 두 살은 돼지 = 마구 뒹굴고 뛰어다닌다.
- ◆ 열 살은 새끼양 = 웃고 뛰어논다.
- ◆ 열 여덟 살은 말 = 다 자라서 힘을 뽐낸다.
- ◆ 결혼할 때는 당나귀 = 가정이라는 무거운 짐에 힘겨워한다.
- ◆ 중년은 개 = 가족을 먹여 살리기 위해 자존심을 버리는 것도 마다하지 않는다.
- ◆ 노인은 원숭이 = 어린아이 같지만 관심 밖이다. ─ 탈무드

다리 하나가 부러졌으면 두 다리가 부러지지 않은 것을 감사하라. 두 다리가 부러졌으면 목이 부러지지 않은 것을 감사하라. 목이 부러졌으면 더이상 걱정하지 않아도 될 것이다. ─ 탈무드

세상에는 세 가지 종류의 왕이 있다.

1. 영토를 지배하는 왕.
2. 사람을 지배하는 왕
3. 자신을 지배하는 왕 　　　　　　　　　　　　　— 탈무드

　착한 사람이 술집에 간다고 악해지는 것은 아니다. 또한 악한 사람이 교회에 간다고 착해지는 것은 아니다. 　　　　— 탈무드

### 탈무드

2000년 동안 떠돌아다닌 유태인의 생활 규범인 탈무드는 마음의 문을 여는 것이다. '탈무드'는 '위대한 연구', '위대한 학문'이라는 뜻을 가지고 있다. '탈무드'를 이해하기 위해서는 지적 노력이 있어야 한다.

《탈무드》는 BC 500년부터 A.D 500년에 이르는 1천 년 동안 입에서 입으로 전하여 온 내용을 2천 명의 학자들이 10년에 걸쳐 집성한 수난의 책이다.

이 책에는 유태인 5천 년의 지식이 담겨 있다. 5천 년 유태인의 삶을 반영한 율법과 인간의 존엄성, 삶의 의미, 행복, 사랑, 여자, 농업, 제사 등 순결과 불결, 시사, 신앙, 역사, 시, 속담, 성서 해설, 격언, 과학, 수학, 심리학, 종교적 계율을 엄격하게 지키지만 언어에 종교라는 어휘는 없다. 생활이 곧 종교이기 때문이다.

서양인과 서구의 사고방식을 알기 위해서는《탈무드》를 읽는 것이 필수이며 탈무드는 구약성서에서 비롯하여 유태인의 사상을 더해 완성된 것이다.

탈무드가 바벨로니아에서 처음 인쇄된 해는 1500년이며 1244년 파리에서는 모든 《탈무드》가 금서가 되었다. 기독교인들 책을 모두 몰수해 불태우고 1415년에는 유태인들이 《탈무드》를 읽는 것이 법으로 금지되었다. 그 후에도 1597년까지 수차례에 걸쳐 불태워졌다.

1562년 이후에는 가톨릭교회의 검열로 《탈무드》중간중간이 찢겨 나갔다. 유태인들은 하느님의 뜻을 실행해야 하기 때문에 《탈무드》를 공부하지 않고 살아가는 것이 불가능했다. 로마인들은 비유태인을 만들기 위해 탈무드 공부를 금지시켰다.

배움을 지키기 위해 유태인들은 목숨을 버렸다. 유태인들은 천주교의 교황과 같은 최고 서열이 없다. 《탈무드》는 총 20권으로 6개 분야로 구성되고 얼마나 많이 공부했는지가 권위를 부여한다. 공부를 많이 한 사람들이 '랍비'*들로 최고 서열이 있다고 보아도 무방하다. 나치 수용소에서 600만 명의 유태인들이 학살당하고 살아남은 유태인들은 미국 트루먼 대통령에게 사례하는 차원에서 《탈무드》를 기증했다. 그러한 책이 2차대전 후 독일에서 인쇄된 것이다. 유태인들을 멸망시키려고 했던 독일에서조차 《탈무드》가 발행된 것이다.

---

\* 랍비 스승, 존경받는 선생님

## 베풀었거든 자랑하지 마라

중국의 양무제가 어느 날 달마대사를 맞아 "그간 자기가 베풀었던 공덕이 굉장히 큰데 어떻습니까?"라고 묻자 달마대사 왈 "아무 것도 없습니다."라고 대답했다. 화가 난 왕이 그를 죽였는데 달마에게는 짚신 한 짝만 있고 무덤에는 시체가 없고 그 흔적도 없었다. 양무제는 두렵고 놀라워 뉘우치고 후회했다.

### 진실한 공덕

보시나 공덕이 크거나 적다 하여 좋고 나쁜 것이 아니다. 오로지 진실된 마음에서 우러나야 한다. 밥 한 숟가락이나 빵부스러기도 뛰고, 날고, 기고, 헤엄치는 생명 있는 온갖 짐승들에게 준다면 착한 업을 쌓는 것이다.

아기 손바닥보다 작은 헝겊 조각이라도 석유 등잔 심지를 만들고 실 한 가닥으로도 옷을 꿰매는 데 유용하며 그것들이 훗날 복덕을 쌓는 데 중요하기도 하다.

비록 작은 것도 보잘것없는 보시普施라도 그것들이 점점 쌓이면 씨앗 몇 알이 후일 수백 수천 가마의 곡식을 수확하듯 진심으로 보시하는 공덕은 말할 수 없이 크다.

인도의 아소카 왕은 전생에 어린 시절 친구들과 놀면서 신발에 모래를 넣어 밥을 대신하여 부처님께 밥을 공양한 공덕으로 훗날 대왕으로 태어나 인도를 통치하게 되었다. 또 부처님께 공양하는 큰 공덕은 법화경을 널리 알리는 것이다. 부처님을 머리에 이고 수백 수천 리를 걷고 부처님의 의자가 되고 침상이 되어 고생해도 불법을 전하는 것에 비하면 백분의 일도 안 된다.

◈ 도와주면 좋다.

가시를 삼킨 이리가 그것을 빼내 줄 이를 찾고 있었다. 해오라기를 만나 가시를 빼내 주면 보답하겠다고 하자 해오라기는 이리 목구멍에 머리를 들이대고 가시를 빼내 주고 나서 약속한 보수를 달라고 했다. 이리는 "이리의 입에서 너의 머리를 무사히 안전하게 빼낸 것에 만족하지 않고 보수를 요구한단 말이냐?" 하고 말했다.

— 이솝

고약한 사람에게 좋은 일을 했을 때 우리가 바랄 수 있는 유일한 보상은 그가 배은망덕에다가 해코지를 하지 않는다는 것이다.

# 덕을 쌓아야

　자선은 아무리 베풀어도 지나치지 않다.　　　─프랜시스 베이컨 성

### 공덕
　공덕은 겸손에서 생기며 공덕을 쌓으면 쌓을수록 복이 있다. 공덕을 지으면 식복이 있고 자식들이 효도하고, 장수하고, 배우자의 복이 있고, 재물이 쌓이며 사업이 발전하고, 친구복, 취직복, 승진복, 스승복, 선후배의 복 등이 있다. 그것들은 전생의 업이 이어지는 것이기도 하지만 현재에 행하고 있는 공덕이기도 하다.

### 인색하지 마라
　세상을 살면서 인색한 사람은 친구가 없고 발전도 없고 상대나 이웃이 잘되는 것을 싫어하고 시기질투하며 이해하는 데 박하여 화를 잘 내며 공짜를 선호하고 자기에게 베풀며 갖다 바치고 아부하며 알아주는 것을 좋아한다. 거짓과 속이는 것을 좋아하고 비난하기를 꺼리지 않는다. 불평을 잘하고 남의 허물을 탓한다. 남을 무시하며 자기의 생각과 주장을 고집하고 남을 칭찬하는 데 인색하다. 인색하면 주위로부터 따돌림당할 수 있고 위급한 상황에 처했을 때 발벗고 나서서 도와주려는 사람이 없으며 진실을 말해도 믿어 주지 않는다. 그러한 까닭에 인색한 사람은 외롭고 괴롭다.

◈ 오랫동안 선행을 하다 보면 자기도 모르는 사이에 좋은 사람으로 인식될 것이다. ― 루어스 오친클로스

◈ 인간이 신에게로 가까이 갈 수 있는 사다리는 행동으로 옮기는 것이다. ― 숄럼 아시

◈ 권고에 의해 착한 일을 한 것은 자기 스스로 한 착한 행실의 절반의 값어치밖에 되지 않는다. ― 탈무드

마음속으로 늘 선을 생각하여 그대로 말하고 그대로 행한다면 즐거움이 스스로 따르기를 그림자가 형태를 따르는 것 같으리라. 덕을 쌓고 선행을 하였다면 그것을 드러내지 말아야 한다. "오른손이 하는 것을 왼손이 모르게 하라."는 말도 있다. 어떤 사람들은 좋은 일에 쓰라며 큰돈을 내면서 익명으로 자기를 감추기도 하는데 참으로 훌륭한 사람 아닌가?

### 베풀면 다시 얻는다

옛날에 보석상을 하는 부부가 돈을 많이 벌고 넉넉하여 스님들이 찾아오면 공양을 열심히 하다 보니 너무 많은 스님들이 몰려와 다녀간 나머지 재산이 바닥났다.

그 후 스님들이 찾아와서 왜 밥을 주지 않느냐고 묻자 "이제는 가난하여 드릴 수 없어 죄송합니다"라고 했다. 세존께서는 그것을 다 아시고 "제자와 스님들께 더 이상 쉬지 말고 그 부부의 착한 공덕을 알려 주어라."라고 말씀하였다.

얼마 후 모든 사람들이 보석을 갖다주어 다시 옛날처럼 부자가 되자 부부는 부처님께 찾아가 아뢰었다.

"세존이시여 저희는 다시 부자가 되어 넉넉하게 살게 되었으니 다시 스님들을 저희 집에 공양을 드시도록 허락하소서."

세존께서는 농담처럼 말씀하였다. "아무리 그래도 정도껏 베풀어야지 원 딱한 부부로다." 그리고 말씀하시길 "너희들도 그렇지. 어느 정도껏 가서 얻어 먹었어야지. 그렇게 많이들 몰려가 눈치도 없이 먹었느냐?"

제2부

# 집착과 무상

집착과 무상 | 선과 악 | 기다림은 아름답다 |
인내와 여유 | 여유로운 마음으로 살기 | 자아에 대한 성찰 |
세상을 살아가면서 | 엽치의 의미 | 죽음 |
이런 사람 저런 사람 | 베풀면 얻는다 | 훌륭한 사람을 친구로

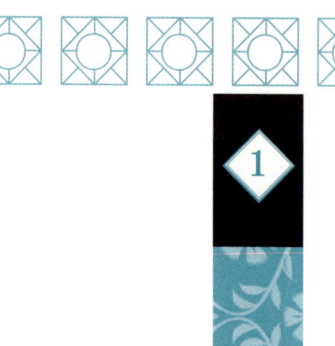

## 집착執着과 무상無常

◆ 무상! 유구한 대자연에 비하면, 잠깐 왔다가 사라지는 인생이란 오직 무상이란 두 글자에 그칠 뿐이다. 먼저 죽었다고 얼마나 먼저 죽었으며, 살아남았다고 얼마나 더 오래 살 인생인가.

— 정비석〈애정 무한〉

◆ 자아가 있다고 생각하는 까닭에 고통과 즐거움 따위의 상태와 선, 악 따위의 생각, 탐욕과 성냄 따위의 번뇌가 생겨서 시간을 따라 달라지게 마련이다. 그러므로 무상한 것이다.

— 법구경法句經

◆ 몸이 병들면 꽃이 시들어서 떨어지는 것 같고, 죽음에 이르면 물이 급하게 흘러가는 것 같다.

— 법구경法句經

- 인연으로 이루어진 온갖 것은 다 무상하다.    — 열반경

- 나무는 가을이 되어 잎이 떨어진 뒤에야 꽃 피던 가지와 무성하던 잎이 다 헛된 영화였음을 알고, 사람은 죽어서 관 뚜껑을 닫기에 이르러서야 자손과 재화가 쓸데없음을 안다.    — 홍자성〈채근담〉

- 십 년 만에 죽어도 역시 죽음이요 백 년 만에 죽어도 역시 죽음이다. 어진 이와 선인도 역시 죽고 흉악한 자와 어리석은 자도 역시 죽는다. 썩은 뼈는 한 가지인데 누가 그 다른 점을 알겠는가? 그러니 현재의 삶을 즐겨야지 어찌 죽은 뒤를 걱정할 겨를이 있겠는가?    — 양주〈열자: 7권 양주편〉

- 물은 흘러 언제까지 차 있지 않고
  타오르다 머잖아 꺼지는 불꽃
  보게나, 해는 뜨되 금시에 지며
  보름달은 어느덧 이지러짐을
  세도가 하늘로 뻗는 사람에게도
  부상의 바람은 한결같아라.    — 죄업 보응경

- 온갖 사물은 항구적으로 존재하는 것이 아닌 까닭에 무상이라 한다. 온갖 것은 무상하여 생멸이 반드시 있게 마련이므로 생을 처음이라 부르고 멸을 뒤라 부른다. 이삶이 처음이 있고 뒤가 있는 것 이것이 무상의 뜻이다.    — 광백석론

청산青山은 나를 보고 말없이 살라 하고
창공蒼空은 나를 보고 티없이 살라 하네
탐욕貪慾도 벗어놓고 성냄도 벗어놓고
물처럼 바람처럼 살다가 가라 하네.　　　　― 나옹선사

　한 움큼 움켜쥔 손안의 모래알처럼 시간은 새고 있다. 사람이 세상을 살아갈 때 집착執着이란 이렇게 허망한 것이다. 집착으로 말미암아 인생의 참 의미를 모르고 생生을 마감한 사람이 많다. 집착을 버릴 때 마음이 편해지고 선한 사람이 된다. 집착執着은 죽은 후에도 자유롭지 못한 상태를 만드는 것이며 무서운 병이다.

# 2

## 선과 악

- 마음속에 선善함을 지니거나 행동하면 복福과 즐거움이 저절로 따라온다. 마치 그림자가 물체를 따르듯이
  — 법구경: 제1장

- 악惡함이 쌓여서 재앙이 된 것은 성인도 이를 구원하기 어렵다.
  — 김시습〈매월당집〉

- 악의 대가代價는 곧 나타나지 않는다. 새로 짠 우유牛乳가 상하지 않듯이 재에 덮인 불씨처럼 속으로 그를 애태운다.   — 법구경

- 악으로 모은 살림 역시 악으로 망하리라.   — 한국 명언

◈ 되풀이되는 악은 마치 방향을 잃은 바람과 같아서 먼지를 사방으로 퍼뜨려 다른 사람의 눈에 먼지를 불어넣어 피해를 준다.

— 셰익스피어

◈ 스스로 악을 행하여 그 죄를 받고, 스스로 선을 행하여 복을 받는다. 죄도 복도 너에게 매였거니, 누가 그것을 대신 받을 것인가

— 법구경

◈ 악이 있어도 잘못임을 알아서 과실을 고쳐 선을 행한다면 죄가 날로 스러져 후일에 가서는 꼭 깨달음을 얻게 될 것이다.

— 사십이장경

◈ 무릇 사람들이 선해지고자 하는 것은 본성이 악하기 때문이다. 대개 사람들은 얇으면 두터워지기를 바라고 보기 흉하면 아름다워지기를 바라며 좁으면 넓어지기를 바라고 가난하면 부富해지기를 바라며, 천하면 귀해지기를 바란다. 진실로 자기 가운데 없는 것은 반드시 밖에서 구하게 되는 법이다.

— 순자荀子 제17권성악편

◈ 손에 상처가 없는 사람은 독毒을 만져도 해독害毒이 없다. 상처가 없거늘 독인들 해하랴. 악함이 없거늘 재앙이 있으랴.   — 법구경

제2부 : 집착과 무상

◈ 열 가지 악업이 있으니 첫째는 살생하는 일이요. 둘째는 도둑질 하는 일이요. 셋째는 사음邪淫하는 일이요, 넷째는 거짓말을 하는 일이요. 다섯째는 이간하는 말을 하는 일이요. 여섯째는 거친 말을 하는 일이요. 일곱째는 꾸며대는 말을 하는 일이요. 여덟째는 탐욕을 품는 일이요. 아홉째는 성을 내는 일이요, 열째는 어리석은 일이니라.

— 수십선계경

◈ 악은 마음에서 나와 도리어 제 몸을 파괴한다. 쇠에서 녹이 생겨나 도리어 그 몸을 좀먹는 것과 같다. —법구경

◈ 대홍수가 나자 온 동물을 비롯해 모든 종류의 것들이 노아의 방주에 들어갔다. 선善도 방주로 달려왔다. 그러나 노아는 선을 태우려 하지 않았다. 짝이 없다는 이유였다. 선은 어쩔 수 없이 짝을 찾아 나섰다. 마침내 선은 악惡을 데려왔다. 이후 선과 악은 항상 같은 배를 타게 되었다. —탈무드

◈ 선을 행하면 선의 갚음을 받고 악을 지으면 악의 갚음을 받는다. 악을 행하거나 선을 행하거나 그 사람의 익힘을 따르나니. 마치 오곡의 종자를 심어 제각기 그 열매를 거두는 것 같네.

— 불경佛經

이러한 시작도 끝도 없는 윤회의 원인은 무엇인가? 그것은 바로 그칠 줄 모르는 욕망인 것이다. 이러한 욕망의 속박으로 인한 윤회의 고통을 벗어나기 위해서는 사성제四聖諦와 팔정도八正道 같은 가르침을 깨닫고 실천해야 하는 것이다.

악惡은 물질적인 자연에 의해서 존재하는 것이 아니라 모든 사람들에 의해서 존재하는 것이다. 자연에는 악의惡意도 선의善意도 없다. 악은 인간이 살아가는 데서 생기고 선도 또한 인간이 살아가는 데서 나온다. 따라서 인간은 선과 악 중 어느 편이든지 선택될 수가 있다는 것이다. 즉 나쁜 인간이 되거나 나쁜 행위를 한다는 것은 그 사람의 자유의사自由意思로 그렇게 된 것이다. 따라서 이에 대한 보답이나 결과로 형벌을 받는다 해도 그것은 너무나 당연한 일이다.

악은 사람의 마음에서 일어나 다시 사람의 마음을 망친다. 마치 녹이 쇠에서 나와 바로 그 쇠를 먹어 들어가듯이….

허공도 아니요, 바다도 아니다. 깊은 산 바위 틈에 숨어들어도 일찍 내가 지은 악업惡業의 재앙災殃은 이 세상 어디에서도 피할 길이 없다.

## 기다림은 아름답다

❖ 그대의 마음속에서 기다림은 욕망이기보다는 다만 무엇이든지 받아들이기 위한 온갖 마음의 준비이어야 한다.

— 앙드레지드〈지상의 양식〉

❖ 인생은 무거운 짐을 지고 먼 길을 가는 것과 같으니 절대 서두르지 말라.

— 도쿠가와 이에야스

❖ 급하다 하여 바늘 허리에 실을 매서는 쓸 수 없다.

— 한국속담

기다림은 대개가 아름답고 즐거운 것이다. 또한 기다림은 여유이며 삶의 연속인 것이다. 기다림은 고통이 아니며 기다림의 다양한 의미들은 새로운 경험이다.

　사랑하는 사람과 만날 날을 기다릴 때, 형기刑期를 다 마치고 출옥날을 기다릴 때, 월급날을 기다릴 때, 귀국하는 아들을 공항에서 기다릴 때, 주문한 요리가 나오기를 기다릴 때, 얼마 남지 않은 군제대날을 기다릴 때 등 인생의 삶 자체가 기다림의 연속이다. 우리는 기다림의 멋진 자세를 배워야 한다. "기회는 기다리는 사람에게만 온다"는 말이 있듯이.

## 인내와 여유

- 스스로 제어할 수 없는 자는 지배할 가치도 없는 자이다. — 괴테

- 인내는 자타의 평화를 낳는다. 자신이 노여움의 과실에 의해 더럽혀지지 않으면 자기를 평화롭게 함이요, 이미 분해하고 원망하지만 않으면 남을 괴롭히지 않는 것이 될 것이니 이는 바로 남을 평화롭게 함이다. — 섭대승론

- 다툼으로 다툼을 그치게 하고자 해도 다툼은 그쳐지지 않는다. 오직 참음만이 다툼을 그치게 할 수 있으니 참으로 존귀하다. — 중아함경

◈ 忍一時之憤 免百日之憂
　　인 일 시 지 분　면 백 일 지 우
　잠시의 분함을 참으면 백일 동안 근심을 면한다.
　　　　　　　— 명심보감 (가훈으로도 손색없는 훌륭한 말이다.)


◈ 생활이 그대를 속일지라도
　슬퍼하거나 노하지 말라.
　슬픈 날에는 참고 견뎌라.
　즐거운 날은 오고야 말리니
　마음은 미래를 바라보는 것
　현재는 한없이 우울한 것
　모든 것은 하염없이 사라지나
　지나간 것은 그리움이 되리니
　　　　　　　　　　　　　　　　— 푸시킨〈삶〉


◈ 태우고 타다.
　농작물에 해를 끼쳤던 여우가 농부의 진노를 샀다. 여우를 잡아 농부는 호되게 앙갚음을 해주겠다고 생각했다. 기름 묻힌 밧줄을 여우 꼬리에 매고 거기에다가 불을 붙였다. 그러나 어떤 신이 여우를 농부의 밀밭으로 가게 했는지 곧 수확 참의 밀밭이었다. 농부는 불타서 잃어버린 수확을 개탄하면서 여우 뒤를 뒤쫓아가는 것이 고작이었다.
　　　　　　　　　　　　　　　　— 이솝

　　이 이야기는 사람됨에 대한 교훈이며 참지 못하는 분노에 대한 경고이다. 분노를 참지 못하면 큰 해를 당하게 된다.

## 5

## 여유로운 마음으로 살기

여유라는 말은 우리가 살아가면서 언제 어디서나 사용해도 듣기 아름답고 좋은 뜻의 단어가 아닐까. 여유란 말은 듣기 거슬리거나 거북한 말이 아니다.

여유는 남음이 있고 넉넉함이요 조급하지 않고 너그럽게 판단하는 마음이 있음이며 공간이면서 여백이기도 하다.

여유는 그런 까닭에 물질적이나 정신적으로나 풍족할수록 좋다. 가령 기차를 타야 할 때는 10분이나 20분 전에 여유 있게 도착해서 기다리는 것, 자동차를 운전하며 목적지를 갈 때도 시간 여유를 두고 차분한 마음으로 간다면 과속할 필요가 없을 것이며 잦은 차선 변경에 끼어들기를 할 필요도 없을 것이다.

지금까지 바쁘게 앞만 보고 달려왔다면 이제는 좀 느긋하고 헐렁하게 살면 어떨까? 나는 지금까지 세상을 어떻게 살아왔는가 모두가 한 번쯤은 생각해 봤으리라.

지금까지 열심히 노력하고 성공, 실패, 보람, 좌절, 후회, 포기, 재기 등등 사연들도 있을 것이다. 아무튼 지금 우리 사회는 누구나 살기 좋은 나라가 되었다. 일거리가 없어 여기저기 찾아다녔고 쌀이 없으면 끼니를 굶고 학비가 없으면 학교를 그만두었고 아파도 돈 때문에 병원을 못 갔던 시절은 먼나라 이야기로 남았다.

요즘 우리는 삶의 질은 두말할 필요가 없고 풍요로워졌으며 어렵고 불쌍한 여러 나라에 돈을 주고 물품을 주고 아픈 사람들을 찾아가 병까지 치료해 주는 선진국이 되었다. 이처럼 풍족함에도 궁상을 떨며 구습을 버리지 못하는 사람들이 있다.

돈도 있고 집도 있고 이제는 먹고살 만하면서도 맛있는 것을 사먹거나 좋은 데 구경도 못 가 보고 세상을 떠난다. 그런들 자식들이 얼마나 알아줄까? '거자일소去者日疎'라 했듯 죽은 사람은 점점 기억이 멀어지게 된다. 그러니 한마디로 죽은 사람만 억울하고 슬픔도 애통함도 잠시다. 산 사람은 나름대로 다 살아가게 마련이므로 아등바등하며 걱정할 필요가 없다. 그러므로 여유로운 마음으로 모든 것을 바라보고 생각하며 헐렁하고 느슨하게 살아야 한다. 너무 집착하지 말고 내려놓으면 마음이 한결 가벼워져 몸에도 좋다. 비움의 미학을 즐겨야 한다. 제행무상諸行無常이요 생자필멸生者必滅이다. 인생이란 홀로 왔다가 잠시 머물다가 가는 것 아닌가? 너무 비관하고 슬퍼하고 외로워하지도 말 것이며 너무 즐거워하고 기뻐하지도 말아야 한다. 하루하루를 보람있게 살면 좋은 것이요, 옳은 것이다.

# 자아에 대한 성찰

- 마음에 있지 않으면 보아도 보이지 않고 들어도 들리지 않고, 먹어도 그 맛을 모른다. 이리하여 몸을 닦는 것은 마음을 바로잡는 데 있다고 이르는 것이다. ― 대학: 전지傳之 7장

- 마음이 어질지 못한 자는 궁한 생활에 오래 견디지 못하며 안락한 생활도 오래 계속하지 못한다. ― 공자〈논어: 이인편〉

- 성숙한 인격의 특징의 하나는, 자신을 남과 구별하는 차이를 확실히 자각하여, 그것을 있는 그대로 받아들이며, 혹은 그것을 개선하려고 힘쓰는 데 있다. ― D 카네기

- 사람은 그 자신을 알아야 된다. 그것이 진리를 발견하는 데 소용이 없어도, 적어도 그의 생활을 통제하는 데에 필요하다. ― B 파스칼

❖ 현명하고 선한 자들은 모두 지식 가운데서 자신을 알기를 제일 갈망한다.
— 셰익스피어

❖ 남을 아는 것은 현명한 사람이고, 자기 자신을 아는 사람은 덕이 있는 사람이다. 남에게 이기는 사람은 힘이 강한 사람이며 자기 자신을 이기는 사람은 굳센 사람이다. 죽어 가면서 나는 이것으로 영원히 없어지는 것이 아니라는 깨달음을 얻은 사람은 영원한 생명을 얻는 것이다.
— 노자

❖ 성공과 실패는 나로 말미암는다. 절대로 남에게 말미암는 것이 아니다.
— 좌씨춘추 左氏春秋

❖ 인간은 자기 자신을 알아야 한다. 그것은 비록 진리를 발견하는 데에는 도움을 주지 않는다 하더라도 최소한 자기의 율律하는 데에는 도움을 준다.
— B 파스칼 팡세

❖ 너 자신을 알려거든 다른 사람들이 어떻게 행동하는가를 관찰하라. 네가 다른 사람들을 이해하려고 한다면 너 자신의 마음을 보라.
— E 실러

❖ 모진 돌이나 둥근 돌이나 다 쓰이는 장처長處가 있는 법이니 다른 사람의 성격이 다 나와 같지 않다 하여 나무랄 것이 아니다.
— 안창호〈同志들에게 주는 글〉

※ 남의 사소한 결점을 드러내어 그 사람의 큰 미덕을 덮는다면 온 천하에 성왕聖王이나 현명한 재상宰相이 한 사람도 있을 수 없을 것이다.
— 유남자

※ 하루하루를 어떻게 보내는가에 따라 우리의 인생이 결정된다.
— 에니 딜러드

※ 지금 어디로 가고 있는지 모른다면 조심하라. 엉뚱한 곳으로 갈지도 모르니까.
— 요기 베라

※ 우주에서 우리가 고칠 수 있는 유일한 것은 바로 우리 자신이다.
— 올더스 럭슬러

※ 사람의 모든 기관은 마음에 의해 좌우된다. 보고, 듣고, 걷고, 서고, 굳어지고, 부드러워지고, 기뻐하고, 슬퍼하고, 화내고, 두려워하고, 사랑하고, 미워하고, 부러워하고, 질투하고, 거만해지고, 반성하는 것이 마음에 달려 있다. 따라서 세상에서 가장 강한 사람은 자신의 마음을 다스릴 수 있는 사람이다.
— 탈무드

※ 병들어 누워 봐야 건강의 고마움을 알고 난세를 당해 보고 비로소 평화의 고마움을 알아서는 민첩하다고 말할 수 없다. 건상할 때 건강의 고마움을 모르는 것은 불행한 일이며 평안할 때 평화의

마음의 등불

고마움을 깨닫지 못하는 것도 불행한 일이다. 사람은 잠시 한 걸음 물러서서 자기를 돌아볼 필요가 있다. 행복을 찾아 달리다가는 도리어 불행을 불러온다는 것을 깨달아야 한다. 이 점을 깨닫는 것이 인생의 가장 높은 지식이다.    — 채근담

❀ 생각을 바꾸면 세상이 변할 것이다.    — 노먼 빈센트

❀ 일단 자신의 약점을 알게 되면 더이상 그로 인한 불이익을 당하지 않게 된다.    — 게오르크 크리스로프 리히텐 베르트

❀ 강자가 약자에게 두려움을 갖는 네 가지 경우가 있다. 모기는 사자에게 두려움을 갖게 한다. 거머리는 코끼리에게 두려움을 준다. 파리는 전갈에게 무서운 존재이고 거미는 매에게 두려움을 갖게 한다. 크고 힘센 것이 언제나 강한 것은 아니다. 아무리 약한 것도 때로 강한 것을 이길 수 있다.    — 탈무드

❀ 지위地位가 천자天子라고 해서 반드시 귀貴한 것은 아니고 빈궁한 필부匹夫라고 해서 반드시 천賤한 것은 아니다. 귀천貴賤의 구분은 그 행동과 선악善惡에 있다.    — 장자

❀ 행복은 마음 먹기에 달려 있다.    — 에이브러햄 링컨

❖ 나이가 들어야만 진정한 아름다움이 무엇인가를 알 수 있다.

— 아누크 에메

젊은 사람은 나름의 매력이 있다. 눈은 반짝이고 피부는 탱탱하고 촉촉하며 몸은 유연하다. 그러나 진정한 아름다움은 젊음이 가지고 있지 못한 무언가를 통해 완성되는 것이다. 진정한 아름다움이란 많은 경험과 지식 그리고 지혜의 토양에서 꽃을 피운다. 거울에 비친 육체적인 모습보다는 내면의 태도가 진정한 아름다움을 보여 준다.

❖ 목표를 달성하려면 우선 계획을 세워라. 계획을 세우지 않은 목표는 한낱 꿈에 불과하다.

— 앙투안드 생텍쥐페리

❖ 죽기 전에 우리는 자신이 어디에서 어디로 그리고 왜 달리는지 알아내려고 노력해야 한다.

— 제임스 더버

# 세상을 살아가면서

- 가능한 한 논쟁하지 마라. 논쟁하다 보면 불화가 생기게 되고 상대를 미워하게 된다. 우쭐하며 잘난 척하는 사람은 어리석은 자다.

- 부정적 생각보다 긍정적으로 생각하고 살아라. 무엇을 바라거나 이익만을 취하려 말고 가급적 봉사하고 희생하고 베풀며 도와주어라.

- 절망하고 포기하고 한숨 쉬며 두려움, 미움, 원망보다 희망과 용기, 즐거움, 감사하는 마음, 따뜻하고 온화하며 부드러움으로 바꿔라.

- 살아 있을 때 이웃과 친구와 가족, 친척을 위해 못다한 사랑을 베풀어라.

- 모든 사람들에게 칭찬의 말을 하라. 그들의 생활에 변화가 있을 것이다.

- 급하게보다 천천히 하라. 여유를 두고 편한 마음으로 무엇을 하면 실수가 적다.

- 남을 무시하지 마라. 잘못하다가는 큰 싸움이 된다.

- 지는 법을 배워라. 이기려고만 한다면 모든 것이 꼭 좋은 것만은 아니다.

**항상 감사히 여겨라.**

일어나면 항상 감사히 여겨라. 비록 오늘 많은 것을 배우지는 못했어도 조금이라도 뭔가를 배우지 않았는가? 설혹 조금도 배운 것이 없어도 사소한 아픈 데는 없지 않은가? 혹시 아팠다면 최소한 죽지는 않았지 않은가? 따라서 항상 모든 것에 대해 감사해야 한다.

**매사를 긍정적으로 생각하라.**

어떤 사람들은 생각하는 것이나 언행이 부정적이고 삐딱한 태도를 보인다. 늘 좋은 일만 있는 것은 아니다. 무엇이 잘 안 되거나 마음에 들지 않으면 신경질을 내고 불평과 푸념을 늘어놓는데 그러면 자신만 더 손해인 것이다.

### 목표 달성을 위해 계획을 세워라.

목표가 있다는 것은 중요하다. 목표가 없다면 어디로 가고 있는지 모른다. 중요한 건 목표를 세우는 일이다. 먼저 무엇을 할 것인지, 시간은 얼마나 걸릴지, 성공 가능성은 얼마나 될지 따져 보는 것이 좋다.

### 항상 깨어 있어라.

흐리멍덩하게 살지 말고 언제나 깨어 있어야 한다. 지나간 시간은 다시 되돌리지 못하기 때문이다. 물에 물 탄 듯, 술에 술 탄 듯 하는 사람도 있다.

### 유머를 찾아라.

유머는 아무나 할 수 있는 것이 아니다. 유머 감각은 리더십 기술이며 여러 사람과 어울릴 수 있는 비법이고 때로는 지루하고 우울하고, 적적할 때 신선한 기분을 전환시켜 주는 효력을 갖고 있다. 또한 침울하고 어두운 분위기를 활기로 바꿔 볼 수도 있다.

### 좋은 말을 하라.

좋은 생각을 하라.

좋은 일을 하라.

좋은 인상을 주라.

감정을 다스려라. 그러면 성공한다.

지금 나의 삶의 색깔은 어떤가? (무슨 색일까?)

어떻게 채색하면 좋을까 (곱고 예쁠까?)

**물의 교훈** (4가지 덕목)

1. 물은 변화와 적응의 천재다.
2. 물은 천하의 만물을 이롭게 한다.
3. 물은 남과 다투지 않는다.
4. 물은 거역하지 않고 낮은 곳으로 쉬지 않고 흐른다.

\* 물처럼 살면 평화로운 세상을 만들 수 있다.

## 염치의 의미

우리는 흔히 사람답지 못하다는 말로 다른 사람을 욕하는 수가 있다. 그것은 상대방이 도덕적으로 상식 이하의 어처구니없는 잘못을 저질렀을 때에 평하는 말이다. 이를테면 남을 해치거나 인간적으로 용서받기 어려운 행동을 했을 경우이다. 더 심한 경우에는 개와 같이 짐승에 비유할 때도 있다.

그렇다면 '사람답다'는 것은 어떤 조건이어야 할까? 개인적인 욕망을 억제하고 이타적利他的인 심성을 바탕에 두고 행동하는 사람 정도로 생각해도 무방하다.

아름다운 사회가 형성되려면 사람다운 사람으로 가득 차야만 가능할 것이다.

추악한 짓을 하면서도 부끄러움을 모르고 뻔뻔하게 낯을 들고 살아간다면 개돼지와 전혀 다를 바가 없기 때문이다.

사람이 동물과 다른 점은 부끄러움을 안다는 것이다.

주위로부터 존경받고 칭송듣지 못한다면 그냥 평범한 사람으로 살아도 되지만 하물며 욕을 먹고, 손가락질을 받으며 사는 인간은 되지 말아야 하지 않겠는가?

### 안 좋은 일(상황)에 직면했을 때에는…

슬기롭게 대처하며 마음을 다스려야 한다. 절망하고, 한탄하고 비관하고, 포기하고, 억울해하며 발생한 일을 받아들이지 않으려고 한다면 그럴수록 독이 되어 상처를 더 악화시킬 수 있다.

이만하길 다행이라고 생각하면 세상 살기가 훨씬 가볍고 편하다. 교통사고가 났을 때도, 화재가 발생했을 때도 홍수가 났을 때도, 많이 춥고 더울 때도, 힘들 때도, 야단을 맞을 때도 벌을 받을 때도, 손해를 봤을 때도, 넘어져서 피가 날 때도….

최악의 상태라면 그 결과는 어떨까?

### 자신감을 얻는 가장 좋은 방법

자신감이 없기에 못하는 것이 아니라 제대로 시도를 하지 않기에 자신감이 없는 것이다. 타고난 행동가들이 있다. 그들은 몇 번의 실패를 실패로 여기지 않는다. 실패의 교훈을 피드백하여 점점 더 나아지는 것을 느끼며 다시 시도한다. 그리고 결국에는 원하는 성공을 이루어 낸다. 주변인들은 그런 그들의 확신에 찬 행동을 보고 자신감 있는 사람이라고 평하기를 좋아한다.

그와는 반대로 세상 내부분의 사람들은 행동하고 시도하는 것을 그다지 좋아하지 않는다. 그래서 제대로 시도도 하지 않고 "자신감이 없기 때문"이라고 핑계를 댄다. 행여 한두 번 시도해서 실패하게 되면 "나는 역시 안돼"라고 말하며 자신감이 없기 때문이라고 말한다. 이들이 행동하지 않고 시도하지 않는 습관은 출생 이후의 삶을 통해 몸속에 깊이 뿌리내렸다.

자신감을 탓하지 말라! 몇 번의 시도가 실패했다고 해서 능력이 없다고 느껴지는 자신을 탓하지 말라. 시도하지 않는 자신을, 한두 번 시도해서 실패라 여기며 포기하는, 용기 있게 두려움을 떨치고 일어나 끝내 원하는 것을 이루어 내는 집요함이 없는 그런 자신을 탓하라. 당신이 진정으로 자신감을 가지기를 원한다면, 반복된 연습과 훈련을 통해 그것을 이루어 내라! 자신감은 바로 그렇게 만들어 가는 것이다. ― 전용석〈아주 특별한 성공의 지혜 中〉

### 슈퍼리스트가 되려면?

- 자기 직업에 충실하라.
- 좋은 일에 기부하라.
- 여행을 많이 하라(넓은 세상).
- 자신에게 투자하고 독서를 많이 하라.

1000번을 읽고, 1000번을 쓰고, 1000번을 만지고, 1000번을 듣고 1000번을 짓고, 1000번을 헐고, 1000번을 바르고,

1000번을 칠하고, 1000번을 그리고 1000번을 연구하고 노력하면 그 방면에서 최고가 될 수 있다. 모든 것이 처음에는 서툴고 어렵지만 계속할수록 익숙해지는 것이다.

예: 기능 보유자, 기능장, 박사, 장인, 명장 등

# 9

# 죽음

◈ 사람의 몸에 아홉 구멍이 있는 것은 아홉 개의 화살 상처와 같으니, 구멍마다 더러운 냄새가 난다.    — 나선 비구경

◈ 사대(지, 수, 화, 풍)가 잠시 모여 있으므로 편의상 이름 지어 몸이라 하는 바 이 사대에는 주재자가 없으므로, 몸에도 자아가 없다는 결론이 나온다.    — 유마경

◈ 만물이 서로 다른 것은 삶이요, 서로 같은 것은 죽음이다. 살아서는 현명하고 어리석은 것과 귀하고 천한 것이 있으니, 이것이 서로 다른 점이요. 죽어서는 썩어서 냄새나며 소멸되어 버리니 이것이 서로 같은 점이다.    — 양주

❖ 사람들이 근심하는 것 중에서 죽음보다 더 절실한 것은 없고 자기가 소중히 여기는 것 중에서 삶보다 더한 것은 없다. ―열자

❖ 사람이 어떻게 죽느냐가 문제가 아니라 어떻게 사느냐가 문제이다.
―제임스 보즈웰(스코틀랜드 법률가)

❖ 그대의 눈에 매일 죽음이 비치게 하라. 결코 비천한 생각을 가지는 일이 없을 것이요. 너무 지나치게 욕심을 부리는 일도 없을 것이다. ―에픽테토스

❖ 태어난 자는 다 죽음에 돌아간다. 젊었던 용모는 누구나 늙어 쭉 그러지고, 강했던 힘은 병으로 약해지기 마련이어서 능히 이를 면하는 자가 없다. 죽은 뒤에는 조건에 따라 여러 괴로움을 받되 삼계인 미혹의 세계 안을 휘돌아 우물의 도르레와 같으며 누에가 고치를 만들 때 실을 토해 스스로 저를 얽어맴과 같다. 존귀한 여래세존과 진리를 배워 아라한이 되려는 성문들도 무상한 육신을 버릴 때 있었거니. 하물며 범부일까 보냐. 부모, 처자, 형제 친척이 생사를 달리한 것을 보고 범부들이 비탄에 잠기는 것은 당연하다. 그러기에 여러 사람들에게 전하노니 진실한 가르침을 잘 들어서, 함께 무상한 곳을 버리고 마땅히 죽음이 없는 문으로 들어가야 할 것이다. ―무상경 無常經

◈ 백 년을 산다 해도 생과 사의 일을 알지 못한다면 하루를 사는 중에 그것을 깨달음만 못하다. ― 출요경

◈ 사람이 죽어 인간으로 다시 태어나기가 어렵고, 불법佛法을 만나기는 더더욱 어렵다. ― 법구경法句經

◈ 아미타경의 독경 효과
누군가가 임종 시간이 닥쳐온다면 의식이 있을 때 그 사람 옆에 앉아 스님이든 누구든 상관없이 아미타경을 열 번만 외워도 죽는 사람은 다음 세상에 아미타 세계에 태어난다.
* 삼악도에 떨어지지 않고 영가는 괴로움이 없는 좋은 곳에 머문다.
― 불경佛經 중


### 열반은 무엇인가
1. 중(승려)의 죽음
2. 도를 이루어 모든 번뇌와 고통이 끊어진 경지(적멸)
3. 고요하고 편안하고 아무런 생각이 없고 마냥 기쁘다는 뜻이며 최고의 깨달음, 곧 성불, 부처를 이룬 사람. 그러한 경지

### 죽음은 순서가 없다.
자주 보고 오가던 사람이 보이지 않거나 소식이 없을 때 119 자동차가 와서 어느 병원 중환자실로 실려 갔다고 하거나 죽었다는 소리를 들으면 기분이 침울해진다.

아등바등해도 부질없음을 새삼 느낀다. 권력도, 부도, 명예도 죽음 앞에서는 너무나 무력하다. 죽는다는 것은 삶의 의미를 모두 앗아가서 일순간에 모든 것을 잃고 무無로 만든다. 그 누구도 죽음의 화살을 피할 수 없으며, 죽음은 삶의 저편에 떨어져 있는 것이 아니라 존재의 빛 속에 필연적으로 무의 어두운 그림자가 스며 있다. 죽음의 필연성은 확실하지만 언제 죽을지는 아무도 미리 알 수 없다. 죽을 사死 글자를 파자해 보면 하나 일一에 저녁 석夕과 숟가락匕을 합해 놓은 문자로 저녁 한 숟가락 밥을 먹는 짧은 시간에 목숨이 끊어진 것을 뜻한다. 죽음은 누구나 한 번은 맞이해야 하며 거스를 수 없는 자연 이치다. 죽음을 너무 두려워하지 않아야 한다. 푸르름이 갈색이 되어 떨어지는 오동잎처럼 사람도 그와 같이 수명을 다하면 죽을 수밖에 없는 것이 자연의 순리요 법칙인 것이다. 그런데 죽음은 왜 불안과 공포를 불러일으키는가? 여러 가지 이유가 있겠지만, 내가 소유한 모든 것으로부터 떠나야 한다는 사실, 사후 세계에 대해서 전혀 무지하다는 사실, 또한 죽은 후에 심판 또는 업보를 받을지 모른다는 사실, 또는 싸늘한 자연이나 무서운 곳으로 되돌아가야 한다는 사실 등등일 것이다. 바람이 있다면 죽기는 죽되 죽는 날까지 모두 무탈하고 화목하고, 편안하고, 건강하게 살다가 죽을 수 있다면 더 바랄 것이 없고, 그가 곧 복福받은 사람이라 할 것이다. 죽음이 존재하기 때문에 열심히 일하고, 시간 개념이 있으며 계획도 세우고 희망과 보람 속에 세상을 살아가는 것이다. 죽음이 없다면 공포도 없고 절망이나 슬픔도 느끼지 못할 것이다. 태어남은 어려워 순서가 있으나 죽음은 순서가 없기 때문에 쉬운 것이다. 후회 없는 죽음이 되도록 노력해야 한다.

# 이런 사람 저런 사람

**자신에 대한 네 가지 태도**

1. 자신은 다른 사람에게 베풀지만 다른 사람도 자신과 같이 베푸는 것은 좋아하지 않는다.〈질투가 많은 사람〉
2. 다른 사람이 베풀기를 바라면서 자신은 베풀지 않는다.〈자기 비하인 사람〉
3. 자신도 베풀고, 다른 사람도 베풀기를 바란다.〈선량한 사람〉
4. 자신도 싫어하면서 다른 사람이 베푸는 것도 싫어한다.〈나쁜 사람〉

※ 하나의 촛불이 다른 많은 양초에 불을 붙여 준다고 해서 그 불빛이 흐려지는 것은 아니다.

남을 배려한다는 것은 자기를 배려하는 것이다. 진심으로 남을 배려하는 것이 쉬운 일이 아닐 수도 있지만 그렇다고 어려운 것도 아니다. 모든 사람들이 하나같이 배려하며 산다면 훨씬 아름답고 행복한 사회가 될 것이다. 남의 짐을 들어 주고, 서서 가는 사람에게 자리를 양보하고 짐을 싣고 힘겹게 가는 리어카를 뒤에서 밀어 주는 것이 그리 어려운 일일까? 도움을 받은 사람은 받아서 좋고 도움을 준 사람은 베풀어서 기분이 좋고 보람을 느끼는 것이니 건강에도 좋을 것이다.

### 은혜

공손하면 남에게 모욕을 당하지 않고, 관대하면 많은 사람의 지지를 얻고, 신의가 있으면 사람들이 믿고 맡기고, 민첩하면 공을 이루고, 은혜를 베풀면 능히 사람을 부릴 수 있느니라. ― 공자

### 의리

이익이 되는 것을 보면 먼저 의리에 합당한가를 생각해야 한다.

― 견리사의見利思義〈논어 헌문편〉

### 분노

격분한 자 앞에는 서지 말고 스스로 풀어질 때까지 내버려 두어라.

― 셰익스피어

### 분노는 어리석게 시작하여 후회로 끝난다. ― 피타고라스

### 경험

누구나 자기가 제일 잘났다고 생각한다. 그래서 이미 경험한 선배의 지혜를 빌리지 않고 많은 사람들이 실패하고 눈이 떠질 때까지 헤매지 않으면 안 된다. — 괴테

### 인기와 덕망

인기란 배우, 가수, 스포츠, 예술 등 유명한 사람들의 명성, 존경, 우상, 값어치, 평판 등 이름이 알려지는 것을 말한다.

덕망이란 유덕한 명망을 쌓아 인간적으로 모범과 선행으로 그 사람의 됨됨이나 언행을 본받고자 하는 공덕을 말한다. 즉 인기라는 것은 어느 시기를 살면서 유효 기간이 있다. 그 한때가 지나면 인기(유명세)가 시들어 묻히게 되지만 덕망은 그 끝이 없어서 오래도록 흠모하고 칭송하며 존경하게 한다. 그러고 보면 한때의 인기보다 오래도록 기억되는 덕망 있는 사람으로 사는 것이 더 어렵다.

### 구두쇠

구두쇠란 인색한 사람으로 물질이 풍부해도 나눌 줄 모르고 모으면서도 무엇 때문에 모으는지 알지 못하고 나누어 준다는 것이 무엇인지 알지 못한다. 구두쇠는 나누는 기쁨을 알지 못하며 모으면서도 기쁨이나 보람을 알지 못한다. 구두쇠는 나누는 것을 싫어하고 나누는 데에 동참하지 않는다. 구두쇠는 그런 까닭에 그를 좋아하는 사람들이 없으며, 주위로부터 환영받지 못한다. 먹고살 만하면 구두쇠라는 소리를 들으면서 살 필요 없다.

## 베풀면 얻는다

    먹을 것을 베풀면 큰 힘을 얻고
    입을 것을 베풀면 잘생긴 얼굴을 얻으며
    탈 것을 베풀면 안락을 얻고
    등불을 베풀면 밝은 눈을 얻으리라.
    집으로 반갑게 불쌍한 사람을 맞이하면
    모두 주는 것이고 법으로 중생을 가르치면
    감로를 베푸는 것이다.
                                                       — 잡아함경

  이처럼 잡아함경에는 베풂의 결과를 여러 가지 비유로 나타내고 있다. 천지의 기운이 따뜻하면 만물이 자라게 하고 차가우면 만물을 죽게 만든다.
  성질性質과 기질氣質이 차가운 사람은 복福을 후하게 받지 못하고,

오직 성품이 온화하고 마음이 따뜻한 사람이 복을 받고 그 혜택 또한 오래가는 법이다. 남을 배려配慮 할 줄 아는 마음이 곧 베풂이요 덕을 쌓는 것이 아닐까?

◈ 따뜻한 마음을 품고 사십시오.
행복한 사람이 되고 싶으면 마음의 세계를 이해해야 합니다.
마음을 새롭게 하는 것이 자신의 인생을 새롭게 하는 것입니다.
그런 까닭에 우리는 매일, 매순간 마음을 잘 다스려야 합니다.
마음에도 온도가 있습니다.
지혜로운 사람은 마음의 온도를 잘 조절할 줄 아는 사람입니다.
마음이 차가워질 때 우리는 교만해지고 완악해집니다.
마음이 차가워질 때 사랑이 식습니다.
물이 지나치게 맑으면 고기가 살지 않습니다.
지나치게 비판적인 사람은 그 마음이 차갑기 때문입니다.
따뜻하고 부드러운 마음을 품고 사십시오.
따뜻한 마음으로 인생의 승리자가 되십시오.

― 우리들의 아름다운 삶 속에서

## 훌륭한 사람을 친구로

사람이 살아가면서 어떤 인연으로 만났든 그들 중에는 친한 사이가 되기도 하고 그저 무의미한 사이도 있으며 혹은 잘못 만나 인생을 망치는 경우도 있다. 좋은 친구를 만나 사귀다 보면 그 친구가 존경스럽고, 본받고 싶으며 만나면 즐겁고 보람을 느끼게 된다. 그래서 무엇보다 친구로 인해서 영향을 받는 것은 매우 중요하다. 그것은 안개 속에서 옷이 젖어드는 것 같아서 자기도 모르는 사이에 영향을 받게 된다.

좋은 것이나 나쁜 것이나 같이 어울리다 보면 자연히 물들게 마련이다. 그 사람을 알려면 그의 친구를 보면 알 수 있다는 말도 그 미치는 영향을 예상해서 하는 말이다. "유유상종 類類相從(같은 것끼리 어울림)"이라는 말도 있듯 그것은 자연스러운 이치로 억지로 되는 것이 아니다.

훌륭한 사람을 친구로 사귀어야 좋은 것은 그 친구로부터 몰랐던 지식과 지혜와 선함과 악함을 알게 해주기 때문이다. 그렇지만 질이 나쁜 친구를 가까이하게 되면 한통속으로 나쁜 짓들을 모의하고 행동하게 된다. 그런 친구들은 가정을 돌보는 일에도 등한시한다.

　교도소에서 함께 있다 알게 된 친구가 출소하면, 만나서 또 다른 범행을 계획하는 경우를 보게 되는데 한번 물든 습관을 쉽게 버릴 수 없기 때문이다. 그러므로 언제 누구와 만나 대화를 하더라도 아무런 의미도 없고 쓸데없는 말로 시간을 빼앗고 기분 상하는 말을 하는 사람은 좋은 친구라고 할 수 없다. 그런 사람과는 대화를 피하고 자리를 벗어나는 것이 좋다.

　어쩌다 만나게 되어 말을 나누게 되면 상스러운 말과 음담패설을 거침없이 한다. 취중이라 할지라도 그런 저질 같은 사람은 멀리해야 한다. 누구를 막론하고 대화를 할 때 발전적이고, 생산적이며 건설적인 사람, 잘못은 지적해 주고 조언해 주는 그런 사람, 좋은 친구를 가진 사람은 복이 있는 사람이다.

## 제3부

# 마음

마음 | 중생이란 | 인연 | 인과응보 |
행복과 불행 | 번뇌 | 천국과 지옥 |
지은 죄에 따라 가는 지옥 | 어리석음 |
죽음과 영혼 | 신의 존재 입증

# 1

## 마음

- 마음에 의해 온갖 현상을 만들고, 마음에 의해 결과를 초래하는 것인바, 그 마음은 인연에 따라 일어난다. — 제법집요경

- 마음은 대상을 향해 연속되는 것이어서 쇠와 자석의 관계와 같다. — 능엄경

- 마음이 본래부터 본성(자성)이 청정하건만, 무명이 있어서 그것에 의해 더럽혀지는 까닭에 더럽혀진 마음이 있게 되는 것이다. — 기신론

- 큰 바다의 물결이 사나운 바람으로 인해 일어나면, 파도가 바다에 물결쳐서 끊일 새가 없게 된다. 아라야식도 그러해서 대상이 바람이 불어와 흔들면 여러 가지 인식의 물결이 치솟아 날뛰고

자꾸 생각나게 마련이다.   — 입능가경

◈ 마음은 화가가 여러 세상의 모습을 그려내는 것과 같아서 오온(색, 수, 상, 행, 식)이 모두 마음으로부터 생긴다. 그리하여 사물을 만들지 않음이 없다.   — 화엄경

◈ 마음의 본성은 청정하여 더러움에 물드는 일이 없다. 마치 하늘에 연기나 먼지, 구름, 안개 따위가 뒤덮여 밝고 깨끗하지 못한 경우에도 허공의 본성이 더럽혀지는 일이 없는 것과 같다. 온갖 중생도 바르지 않은 생각 탓으로 여러 번뇌를 일으키고 있으나 그 마음의 자성은 청정하여 해탈을 얻게 되는 것이다.   — 승사유범천소문경

◈ 사람은 늘 눈에 속고, 귀에 속고, 코에 속고, 입에 속고, 촉각에 속고 있다. 눈은 보기는 하되 듣지 못한다. 귀는 듣기는 하되 보지 못한다. 코는 냄새는 맡되 소리를 듣지 못한다. 입은 맛을 알되 냄새를 식별하지 못한다. 촉각은 춥고 더움을 식별하되 맛을 구분하지 못한다. 그런데 이 다섯 감각 기관은 다 마음속에 있는 것이므로 근본이 되는 것은 마음이다.   — 아함정행경

◈ 온갖 존재가 다 망견妄見일 뿐이어서 꿈 같고 불꽃 같고 물속의 달, 거울에 비친 그림자와 같아 망상에서 생겨난다.   — 유마경

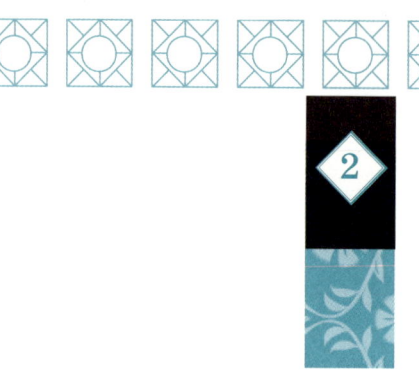

## 중생이란

　어느 날 법을 공부하는 불자가 부처님께 여쭸다. "부처님 중생이란 무슨 뜻입니까? 그리고 많은 사람들이 왜 중생들이며 중생이라고 부릅니까?" 하자 부처님께서 대답하였다. "그대가 알아듣기 쉽게 말하겠다. 집착하는 것 즉 물질에 대한 집착을 버리면 된다. 어린아이들이 모여서 흙으로 성을 쌓고, 집을 만들고 놀면서 열심히 완성했고 보기도 좋았는데 어느 친구가 훼방해서 아니면 싸우거나 다투다 그것을 허물어지게 만들었다면 화를 내기도 하고, 울기도 할 것이다. 그것을 어른들이 봤다면 아무렇지 않았을 것이다. 그 성과 집들은 다시 만들면 될 것이고 금방 무너져 사라질 것을 잘 알기 때문이다.(그러나 그 아이들은 아직 그것을 모른다.) 그러하듯이 모든 것은 영원하지 않아 금세 없어진다. 재산도, 명예도, 아름다움도, 젊음도 집착으로부터 물들지 않고 동요되지 않는다면 그는 도를 득했다 할 것이며 비로소 부처의 몸이요 생사의 반복이 없다 할 것이다."

그리고 중생들은 어린아이들이 놀이 흙집 같은 현재의 존재하는 즉 물질에 얽매여 벗어나지 못하기 때문에 중생이라고 알려 주었다.

### 마음의 정화

이 세상에는 다섯 가지 욕망이 있다. 눈으로 보는 것, 귀로 듣는 소리, 코로 맡는 냄새, 혀로 아는 맛, 몸에 닿는 느낌으로 이것을 통해서 몸의 즐거움이 얻어진다. 많은 사람들은 이 육체의 즐거움에 끌려 일어나는 재앙을 알지 못한다. 이것은 마치 숲속의 사슴이 사냥꾼의 함정에 빠져 잡히듯이 악마들이 만들어 놓은 함정에 걸린 것이다. 감각에서 생기는 이 다섯 가지 욕심은 가장 위험한 함정으로서 사람들은 이것에 빠져 번뇌를 일으키고 괴로움을 얻는다. 그러므로 이 다섯 가지 욕망이 만드는 재앙에서 벗어나는 방법을 알아야 한다.

— 불경佛經 중

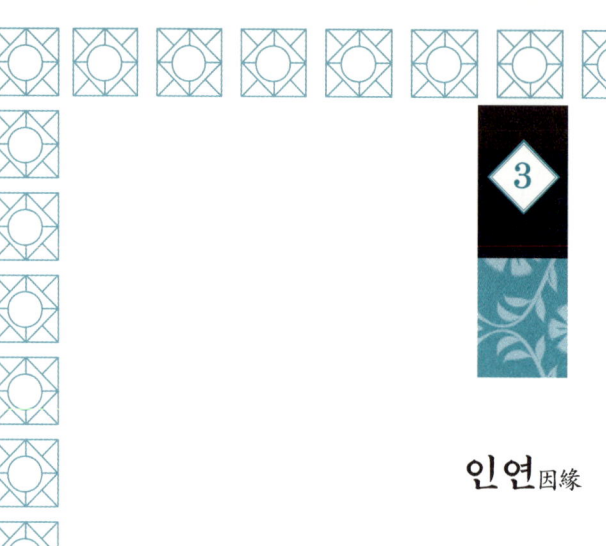

## 인연 因緣

　인간 세계의 고통에는 다 원인이 있고 사람들이 깨달음을 얻는 데에도 길이 있듯이 그 모든 것들은 인연에 의하여 태어나고 인연에 의하여 얻어진다. 비가 오고 바람이 불고, 꽃이 피고, 잎이 떨어지는 것도 모두가 인연에 의해 생겨나서 인연에 의해 없어지는 것이다.

　이 몸은 부모를 인연으로 하여 태어났고, 음식물을 먹음으로써 육신이 지탱되어 왔으며 또한 경험과 지식을 쌓음으로써 마음이 길러진 것이다. 그러므로 인연에 의하여 변화하는 것이다. 그물은 매듭과 매듭이 서로 이어져 되어 있듯이, 이 세상의 온갖 사물들은 그물처럼 인연이 사방으로 연결되어 이루어져 있다. 한 개의 매듭만을 가지고 그것만이 그물코라고 한다면 크나큰 잘못이다.

　그물코는 다른 그물코와 서로 이어져서 비로소 그물코가 될 수 있다.

그러므로 그물코는 각기 다른 그물코가 성립하는 데 도움이 되고 그물이라는 커다란 물체를 형성하는 데 중요한 구실을 하고 있는 것이다. 꽃은 피기까지 온갖 인연들이 한데 모여 피며 낙엽은 잎이 떨어져야만 하는 갖가지 인연이 모여서 떨어진다.

꽃이 혼자 피고, 혼자 떨어지는 것이 아니다. 인연에 의해서 피고 인연에 의해 떨어지는 것이므로 모든 것은 바뀐다. 그러므로 혼자서 존재하는 것은 아무것도 없으며 항상 변함없이 그대로 머물러 있는 존재도 없는 것이다.

이 모든 것은 인연에 의하여 생겨나서 인연에 의하여 소멸하는 것으로, 이 법칙만이 영원불변의 진리인 것이다. 그러므로 모든 것이 끝없이 변천하고 변화하면서 멈춰 있지 않다는 사실은, 천지 간에 변할 수 없는 것이다.

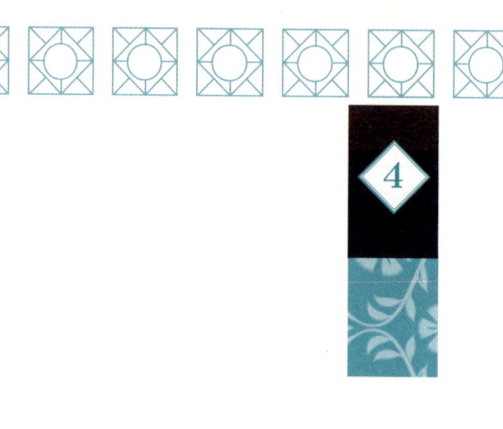

## 인과응보 因果應報

◈ 나쁜 과일이 아직 익지 않은 동안은 악인도 더러 행운을 만난다. 나쁜 과일이 익을 때를 만나면 악을 만난다. ― 법구경

◈ 선악의 과보는 그림자가 형태를 따르는 것과 같다. 그리하여 현재, 미래, 과거의 인과가 휘돌아 없어지는 일이 없으니 인생을 헛되이 산다면 후회하리라. ― 열반경

◈ 어버이의 인과가 자식에게 같아진다. ― 화엄경

◈ 전생에 지은 인을 알고자 하는가? 금생에서 받고 있는 과보가 그것이다. 후세에 받을 과보를 알고자 하는가? 금생에서 짓고 있는 일이 그것이다. ― 인과경

◈ 그 악이 익지 않을 때까지는 요란스러운 사람도 복을 만난다. 그러나 그 악이 익음에 미쳐서는 스스로 죄를 받아야 한다. 선행을 하는 사람도 그 선행이 익을 때까지는 재앙을 만난다. 그러나 그 선행이 익음에 이르러서는 반드시 복을 받게 된다. ─ 법구경

◈ 윤회
어리석은 자는 세속에서 세워 놓은 이름과 모양에 집착하고 마음의 흐름에 따라 움직여 갖가지 형상을 보게 된다. 그리하여 '나'니 '내 것'이니 하는 그릇된 견해에 떨어지므로 무리가 본성을 덮고 가려 집착이 생기는 것이며 그 결과로 탐욕과 성냄 등의 번뇌에서 나온 행위가 모여 망령되이 얽어맴이 누에가 고치를 치는 것 같고, 생사의 바다와 악도의 광야에 떨어짐이 도르래와 같아지는 것이다. ─ 능가 아발다라보경

◈ 은혜와 선업
은혜를 갚는 자는 선업을 짓는다. ─ 대집경

◈ 항상 방생을 행하고 남도 방생하도록 해야 한다. 만약 세상 사람이 동물 죽이는 것을 보았을 때는 마땅히 방편을 써서 구해 그 괴로움을 풀어 주어야 할 것이다. ─ 법망경

◈ 모두가 죽음을 두려워하며 매 맞는 아픔을 무서워 안 하는 사람은 없다. 자기를 측은히 알아 견줌으로써 남을 죽이거나 매질하거나 하지 말 것이다. ─ 법구경

## 행복과 불행

◆ 인간의 화복은 다 자기가 스스로 만들어 낸다.  ― 맹자

◆ 행복을 추구하는 것도 중요하지만 행복을 누릴 자격이 있는 사람이 되는 일이 더욱 중요하다.  ― 칸트〈인생을 말한다〉

◆ 너무 탐욕스럽게 행복을 구하지 말라. 그렇지 않으면 불평을 두려워하지 않게 된다.  ― 노자

◆ 곤경에 빠지지 않음은 평소에 충분한 대비를 하는 데에 있다.  ― 위로자〈제7.12능〉

◆ 환난이 있을 것을 미리 짐작하고 이를 예방하는 것은 재앙을 만난 뒤에 은혜를 베푸는 것보다 훨씬 나은 것이다.  ― 정약용〈목민심서〉

- 성냄을 버려라. 그리고 거만도 버려라. 모든 애욕과 탐심도 버려라. 정신에도 물질에도 집착하지 않으면 고요하고 편안하여 괴로움이 없다.  ― 법구경

- 인생의 시초는 곤란이다. 그러나 성실한 마음으로 물리칠 수 없는 곤란이란 거의 없다.  ― 소크라테스

- 사랑하는 사람을 가지지 말라. 미운 사람도 가지지 말라. 사랑하는 사람은 못 만나 괴롭고, 미운 사람은 만나서 괴롭기 때문이다.  ― 법구경

- 지금은 최악의 사태라고 말할 수 있을 동안은 아직도 최악이 아니다.  ― 세익스피어

한 아름다운 여인이 화려하게 화장하고 찾아왔다. 집주인이 "누구십니까?" 하고 묻자 그 여인은 "나는 사람들을 부자가 되게 하는 복의 신이다"라고 대답하였다. 주인은 기뻐서 그 여인을 집으로 모시고 후하게 대접하였다.

그 뒤에 곧 초라한 모습의 못생긴 여인이 들어왔다. 주인이 누구냐고 물으니 나는 가난의 신이라고 대답하였다. 주인은 깜짝 놀라 그 여인을 쫓아내려고 하였다. 그 여인은 "먼저 온 부의 신은 나의 언니다. 우리 자매는 한시도 떨어져 본 일이 없기 때문에 이제 나를

내쫓으면 언니 또한 없어질 것이다"라고 주인에게 말한 뒤 가버리자 그녀의 말대로 복의 신도 자취를 감추었다.

 태어남이 있으면 죽음이 있고 좋은 일이 있으면 나쁜 일이 있으며 선한 일이 있으면 악한 일이 있는 것이다. 사람들은 이를 알지 않으면 안 된다.

 어리석은 사람은 단지 속된 마음으로 재난을 싫어하며 행복만을 추구하지만, 진리를 찾는 사람이면 이 두 가지를 다 초월하여 그 어느 것에도 집착하지 말아야 한다.

# 번뇌

- 덕을 좋아하고 방탕한 일을 피하여 항상 스스로 마음을 보호하라. 이것이 코끼리가 진탕에서 벗어나듯이 괴로움에서 벗어나는 길이다. — 법구경〈제23장 327〉

- 사람은 죽어서 벌레에게 먹히는 신세가 된다. 그러나 살아서는 근심에게 먹히는 수가 있다. — 탈무드

### 등태산 소천하 登泰山小天下

"높은 곳에 올라와 내려다보니 천하가 낮고 작더라."

이처럼 넓은 마음을 갖기 위해 가끔 높은 산(등산)에 올라가 저 아래 내가 지금 살고 있는 동네를 내려다보는 것도 좋으리라. 몸이란 마음을 담기 위한 그릇이다. 사람들의 병은 마음(아집)에서 생기는 것이다(화병, 욕심, 증오, 질투, 두려움, 불안, 절망 등).

육신이 멀쩡하고 마음이 한가하고 자비로우면 비록 깡통을 들고 빌어먹어도 한없이 즐겁고 행복한 사람이라 할 수 있다.

그와 반대로 몸이 성치 않고 마음에 늘 불안과 공포, 외로움, 괴로움으로 차 있다면 비록 돈이 많이 있고 명예가 있다 해도 불행한 사람이라 하겠다. 갈대는 조용히 있다가 바람이 불면 흔들린다. 사람은 바람이 불지 않아도 흔들린다. 무슨 까닭인가. 그것은 번뇌 때문이다.

### 읍내 쥐와 시골 쥐

들쥐가 읍내에 살고 있는 친구에게 시골의 자기 집에서 같이 식사를 하자고 초대했다. 읍내 쥐는 즉각 초대를 받아들었다. 그러나 먹을것이라고는 보리와 밀뿐이라는 것을 알고 친구에게 말했다. "친구여 자네는 개미처럼 살고 있네. 그러나 내게는 맛있는 음식이 많이 있네. 내 집에 간다면 나누어 먹게 해 줌세."

그래서 두 친구는 바로 출발했다. 그리고 친구가 완두와 콩, 대추야자, 치즈, 햄버거, 과일을 보여 주자 놀란 들쥐는 충심으로 친구에게 축복의 말을 하고 자기 자신의 운명을 저주했다. 그들이 막 식사를 시작하려는데 문이 갑자기 열려 소심한 쥐들은 너무 놀라 틈 사이로 급히 숨었다.

그들이 돌아와서 마른 무화가 열매를 막 먹으려는데 무언가를 가지러 다른 사람이 방으로 들어서는 것을 보았다. 그래서 그들은 쥐구멍 속으로 숨기 위해 다시 한번 뛰었다. 이미 들쥐는 신음 소리를 내며 말했다. "잘 있게 자네는 실컷 먹고 재미를 볼지 모르나 자네의 성찬은 위험과 공포의 부담을 주고 있네. 나는 그보다도 차라리 두려움 없이, 또 누군가를 흘낏 곁눈질로 지켜보는 법이 없이 나의 빈약한 밀 보리 식사를 하겠네."

평온하고 간소한 생활은 호화롭게 살면서 두려움에 사 달리는 것보다 낫다.

### 순리

세월이 약이란 말이 있다. 세월(시간)은 모든 상처를 아물게 한다. 행복이나 불행은 마치 날씨와도 같아서 바뀌고 변하며 달라진다. 만단수심萬端愁心이 없는 사람이 어디 있겠는가? 괴로운 운명을 한탄하며 받아들이지 못하는 사람은 불행의 늪으로 자신을 빠지게 한다. 로마의 대철학자 에픽테토스의 말이 생각난다.

"네 자신이 원하는 대로 일이 되어가기를 기대하지 말라. 일이 일어나는 대로 받아들여라. 나쁜 것은 나쁜 대로 오게 하고 좋은 것은 좋은 대로 가게 하라. 그대의 삶은 순조롭고 마음은 평화로울 것이다."

사람이 살아가는 동안 고통이 있고 기쁨이 있다. 생명이 있는 곳엔 고통이 따르고 고봉은 생명의 상징이라고 일찍이 철인哲人들은 이구동성으로 말한 바 있다.

**세상은 모든 것이 알맞게 만들어졌다.**

어떤 사람이 호두나무 아래에 누워서 중얼거렸다. '조물주 신은 미련하다. 커다란 나무의 호두 열매는 왜 이렇게 작게 만들어 놨으며 어린 호박 줄기에는 왜 커다란 열매가 맺도록 했나' 그러자 호두 열매 하나가 뚝 떨어져 얼굴을 때렸다.

그때 "오! 신이여 감사합니다."하며 자신의 어리석음을 깨달았다. 그렇지 않은가? 동물, 식물, 열매, 채소, 별, 달, 해 등의 생김새, 효과, 크기, 작용, 위치, 역할이….

**유토피아 이야기 기원**起源

유토피아라는 말은 1516년 영국인 토머스 모어가 만들어 냈다. 그리스어 'u'는 부정의 접두사이고 '토포스topos'는 장소를 뜻한다. 따라서 유토피아는 '어디에도 존재하지 않는다'라는 뜻을 담고 있다.

철학자이며 외교관, 대법관이었던 모어는 세금도, 가난도, 범죄도 없는 그런 곳을 상상하며….

혹 천국이라면 모를까, 천국을 다녀온 사람을 만나보지도, 가보지도 않았으니 말이다.

## 천국과 지옥

어떤 사람이 천국과 지옥을 구경하러 갔더니 지옥에 있는 사람들이 밥을 먹고 있었다. 방 한가운데 큰 밥그릇이 놓여 있고 숟가락들이 너무 크고 길어서 한입도 먹지 못하고 바닥에 다 흘리고 있었다. 못 먹어서 모두 피골이 앙상했다. 이번에는 천국을 구경하러 갔는데 마찬가지로 큰 밥그릇이 방 가운데 있고 긴 숟가락이 있었다. 빙 둘러 앉아 있는 사람들이 작자 자기 앞의 사람에게 밥을 떠먹여 주었다. 그 사람들은 얼굴이 훤하고 평화롭고 안락하게 보였다. 천국과 지옥은 자기 스스로 만드는 것이다.

복을 짓는 사람 ….

악을 짓는 사람 ….

## 지은 죄에 따라 가는 지옥

사람이 죽으면 생전에 지은 죄에 따라 가는 10개의 지옥이 있다. 염라국의 지옥은 정해진 기한이 없으며 행해지는 벌이 너무나 고통스러워 차라리 죽으려고 해도 마음대로 죽을 수가 없다.

- 사람을 죽이거나 생명을 죽이고 학대했다면 무수한 바늘이 꽂혀 있는 도산지옥에 떨어져 살을 찌르는 고통을 당한다.
- 도둑질을 일삼고 사기 치고 돈을 갈취했다면 설설 끓는 뜨거운 물속의 화탕지옥에
- 간음과 강간, 성착취를 하였다면 꽁꽁 몸이 얼어붙는 한빙지옥에
- 이간질, 만행, 악담, 험담, 거짓으로 상대를 해코지했다면 칼이 숨어 있는 숲속을 거니는 불안이나 아픔을 맛보는 검수지옥에
- 남을 속이고 거짓말을 일삼아 이익을 취하고 불신을 조장하며

혼란케 했다면 혀를 뽑는 발설지옥에
- 속이고 꾸며대고 변명하고 혼동을 일으키고, 그로 인해 이익을 얻었다면 독사지옥에
- 욕설과 악설로 인격을 무시하고 안하무인격으로 멋대로 성질을 부리거나 폭언을 일삼았다면 뼈를 가는 착마지옥에
- 탐욕, 질투, 불안, 남을 무시하여 누명을 씌우고 이익을 얻었으면 몸을 해부당하는 추해지옥에
- 화를 잘 내어 폭언, 질시하고, 미워하고, 안하무인이 되어 개성을 무시하고, 짓누르고 상대를 천시하며 원수가 되게 하였다면 쇠불이 속에 짓눌리는 철상지옥에
- 어리석은 것으로 질서를 해치고 혼돈과 현혹, 불안, 혼탁을 조장하였으면 흑암지옥에 떨어지는 것으로 10곳의 지옥인 것이다.

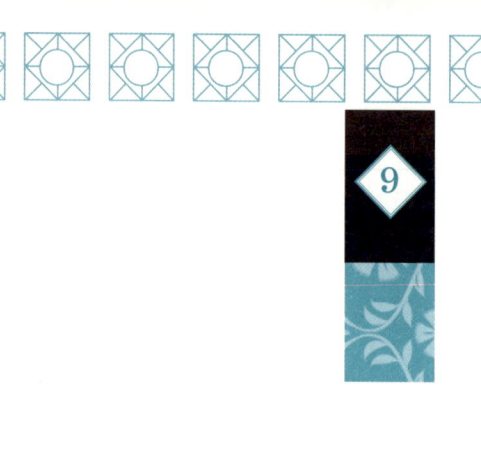

# 어리석음

- 어리석은 자에게는 침묵보다 더 좋은 것이 없다는 사실을 안다면 그는 어리석지 않을 것이다. ― 사디/고리스탄

- 어리석은 사람이 익히는 것을 보건대 나쁜 짓을 늘 배워서 자기가 하고 있는 행위가 착한 일인지 악한 일인지, 좋은 일인지, 추한 일인지를 전혀 깨닫지 못하고 있다. 그리고는 무상의 변화하는 도리를 생각지 않은 채 일신을 지탱할 재산 모으기에만 열중하면서 "이만하면 천 년이 가도 없어지지 않고 영구히 줄어들지 않을 것이다."라고 하니 딱한 일이다. ― 출요경

- 어리석은 자에게 있어서의 노년은 겨울이다. 지혜로운 자에 있어서의 노년은 황금기다. ― 탈무드

※ 너희는 짐승처럼 살기 위해서 창조된 것이 아니고, 덕과 지식을 구하기 위해 창조되었다.  ─ 소크라테스

### 제 덫에 걸리다.

한 주인이 염소와 나귀를 함께 먹였다. 나귀는 먹을것이 넉넉하여 남아 돌아갈 지경이어서 염소가 시샘을 하였다. 염소가 나귀에게 말했다. "연자방아 돌리랴, 짐 지랴 너의 삶은 끊임없는 고역이야. 발작이 난 척하고 구렁에 뒹굴어서 휴식을 하는 게 어떻겠나." 나귀는 충고를 받아들였고 넘어져서 크게 다쳤다. 그래서 주인은 수의사를 불러 도움을 청했다. 의사는 염소 허파로 만든 죽이 좋다고 처방을 했다. 그래서 나귀의 병을 고치기 위해 염소를 잡았다. ─ 이솝

나쁜 심보로 남에게 덫을 마련하는 것은 때때로 자신에게 돌이킬 수 없는 파멸의 원인이 된다.

### 현명한 사람과 어리석은 사람의 차이

현명한 사람은 자기 자신을 알아서 처신하고 돌아보고 뉘우치며 감사할 줄 알고, 더 이상의 후회할 행동이나 말이나 마음을 자제하지만, 어리석은 사람은 그것을 알지 못하여 두 번의 화살을 맞는다.

이 두 사람은 어떤 재물이나 이익이나 탐심 등 그것들로 인해 마음이 일어나고 움직이는 것은 똑같지만 현명한 사람은 뒷일을 생각하며 한 번의 욕망이 일어난 뒤에 깊은 행동을 하지 않음으로써 화살을 맞아도 한 번만 맞게 되므로 화를 면한다.

제 집 두레박 줄이 짧은 것은 탓하지 않고 남의 집 물 깊은 것만 탓하는구나.

— 명심보감 성심편

## 범부*凡夫들의 사는 모습

걱정함, 슬픔, 아까움, 괴로움, 고민, 창피함, 불안함, 두려움, 증오, 외로움, 억울함, 아쉬움, 화가 남, 서운함, 그리움, 분함, 후회, 한탄

**위 문제 해결 방법은?**

☞ **놔 버린다.**

\* 움켜쥐고 있는 집착의 끈을 ….
\* 붙들고 있는 그 아집의 고리를 ….

---

\* **범부凡夫** 번뇌에 얽매여서 생사를 초월하지 못하는 사람 보통의 사람을 일컬음.

# 죽음과 영혼

 죽음이란 지상에서 삶을 마감하는 인생에서 단 한 번뿐인 사건으로, 생명 활동이 정지된 생의 종말을 뜻한다. 죽음은 육신이라는 껍데기를 벗는 것으로 아주 죽는 것이 아니다. 사람에게는 혼魂과 넋魄이 있어 혼은 하늘에 올라가 신神이 되어 4대가 지나면 영靈도 되고 혹은 선仙도 되며, 넋은 땅으로 돌아가 머물다 대가 지나면 귀鬼가 되기도 한다.

 혼과 넋은 우리 몸속에 있는 영체의 음양적인 두 요소이며 혼은 하늘 기운으로 생겨나고, 넋은 땅의 기운으로 생겨난 것으로 이들은 다 무형이다. 사람이 죽어 숨을 거둘 때 따뜻한 기운이 빠져 하늘로 올라가는데 그것이 혼이다.

 의학박사 맥두걸D. Mac Dougal은 실험 결과 사람이 숨을 거둘 때 수분과 공기의 무게를 제외하고도 살아 있을 때보다 체중이 21g가량 줄어드는데, 이것이 영혼의 무게라고 주장했다.

이것은 영적 요소가 빠져나갔음을 말해 준다. 그리하여 천지 간에 가득찬 것이 신神으로 다양하고 무수한 신들은 각기 비슷한 환경이나 의식구조를 가진 신들끼리 모여 사는데 영적 수준에 따라 여러 계층이 생겨나고 그것은 살아 있을 때와 다르지 않다.

※ 4대: 120년. 1대를 30년으로 친다.

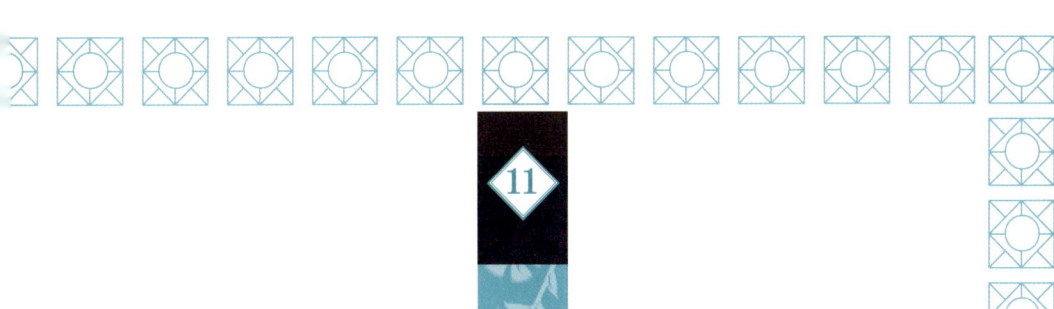

# 신의 존재 입증

신神의 개념은 종족과 문화권에 따라 다양한 양상으로 나타난다. 먼저 신을 복수로 보는 다신론과 유일한 하나의 신만 인정하는 유일신唯一神으로 나뉘어진다. 그리고 신을 세계 초월적이라고 보는 초월신론超越神論과 세계는 분리될 수 없다고 보고 그 내재성을 강조하는 범신론汎神論이 있다. 신의 인격적 형성을 강조하는 인격신론人格神論과 그것에 반대하는 비인격론非人格神論으로 크게 신의 개념을 분석할 수 있다.

이러한 차이점에도 불구하고 신의 존재를 인정한다는 말의 의미에는 다음과 같은 공동점이 있다. 즉 우주에 존재하는 초자연적 신비성을 긍정하고 인생과 우주에 동일적 의미가 있고, 우주와 인간에 있어서 사랑과 생명의 연대성을 중시한다는 것이다.

종교의 신에 대한 사회학, 심리학, 철학 등으로부터의 비판적 분석에도 불구하고 많은 사람들은 여전히 신을 믿고 신은 객관적으로 아니 절대적으로 실재한다고 생각한다. 고대 희랍 철학에서 소크라테스와 플라톤은 육체와 영혼의 관계를 이원론적으로 인식하였다.

영혼은 현재의 육체에 들어오기 이전부터 있었고 앞으로도 계속 존재하는 불멸의 것으로 생각하고, 육체는 영혼의 감옥이나 무덤에 비유한다. 육체의 감각은 영혼의 진리 추구에 방해가 되며 육체는 욕망의 죄악으로 인도하기 쉬운 부정적인 것이다.

이에 비해서 영혼은 순수하고 영원하며 불멸의 것이고 항구적인 것을 지향한다. 영혼은 신적인 것을 닮았고 육체는 인간적인 것을 닮았다. 즉 신적이며 불멸하며 가지적可知的이며, 단일하고 분해되지 않으며 언제나 한결같고 자기 동일적인 것에 가장 닮은 혼과 반면에 인간적이며 사멸하며 다양하고 비가지적이며 분해되고 잠시도 자기 동일적일 수 없는 것을 닮은 육체의 이원론적 구조로 인간 존재를 설명하는 것이다.

우리는 영혼을 속박하던 육체라는 사슬의 사라짐을 슬퍼해야 할 필연적 이유가 없는 것이다. 우리는 죽음의 공포를 벗어나 그것을 진정한 의미에서 초월하고 참으로 진정한 세계를 향하여 비약할 수 있게 되는 것이다.

구약이나 신약성서에 나타나는 인간관은 플라톤의 그것처럼 이원론이라고 할 수 없다. 기독교에서는 신이 인간을 다른 피조물과 마찬가지로 흙으로 빚어서 혼을 불어넣어 만들었다고 한다. 그리고 사후에는 다시 육체가 부활한다는 믿음을 지니고 있다.

사도바울은 우리 인간이 물질적 육체로 죽으나 영적 육체로 부활한다고 말한다(고린도 전서 15장 35절 이하). 그러나 기독교 교리가 체계화되어 가는 과정에서 플라톤의 사상이 영향을 미쳐서 물질적 육체와 비물질적 영혼이라는 이원론적 인간관이 기독교적 사상으로 굳어졌다. 그러나 근대로 오면서 발달하기 시작한 유물론은 인간을 생명을 지닌 정교한 기계로 파악하게 된다.

복잡한 기계와 본질적으로 다를 것이 없는 것으로 이해된 인간에게 있어서 정신 활동 역시 육체의 일부인 뇌의 기능으로 환원되고, 정신 또는 영혼의 고유한 독립적 실재성은 부정된다. 즉 육체의 사후에도 영혼이 자유롭게 독립할 수 있는 것이 아니라 신체는 인간에게 있어서 본질적인 것으로서 인간은 신체에 의존해서만 정신 활동을 할 수 있다고 본다.

육체의 죽음이란 곧 "인간의 일부가 아니라 모든 것의 종말이고, 인간이라는 생물체의 자연에로의 환원을 뜻하는 것 이외에 아무것도 아니다."라고 주장한다.

제4부

## 지식과 배움

지식과 배움 | 지혜 | 폭풍 앞에서 굽히기 |
군자와 소인 | 시간과 돈 | 욕망 |
겸손과 교만 | 공손한 사람의 태도

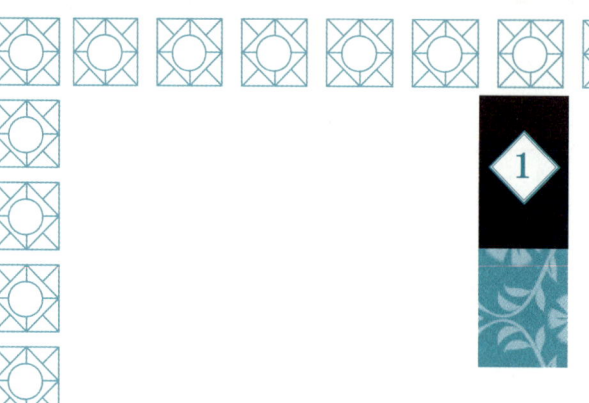

# 지식과 배움

◈ 배움은 그 소유자가 가는 곳이면 어디든지 따라가는 보물이다.

— 중국 속담

◈ 오늘 배우지 않아도 내일이 있다 말하지 말라. 올해 배우지 않아도 내년이 있다고 이르지 말라.

— 주자〈주문공권학문〉

◈ 우리의 삶을 다스리고 우리의 감정을 완화하는 교훈을 정하는 사람은 현재뿐 아니라 모든 미래의 시대를 위해 인류에게 은혜를 베푸는 자이다.

— 세네카

◈ 젊은 나이는 이내 늙어지고 학문은 이루기 어려우니, 한 치의 짧은 시간도 가벼이 여기지 말라. 못가의 풀은 아직 봄 품에서 깨

어나지 못했는데, 어느덧 섬돌 앞의 오동나무는 벌써 가을 소리를 내네.　　　　　　　　　　　　　　　　　　　　　— 주자

- 책을 읽는 데에 시간을 보내라. 남이 고생한 것에 의해 쉽게 자기를 개선할 수 있다.　　　　　　　　　　　　　　— 소크라테스

- 독서가 정신에 미치는 영향은 운동이 육체에 미치는 영향과 같다.　　　　　　　　　　　　　　　　　　　　　　— 토머스 에디슨

- 현인이 우매한 자로부터 배우는 것은 우매한 자가 현인으로부터 배우는 것보다 많다. 왜냐하면 현인은 우매한 자의 실책을 보고 이를 피할 수 있지만, 우매한 자는 현인의 행위를 보고서도 아무 받는 바가 없기 때문이다.　　　　　　　　　　　　— 칸트

- 재산을 다 주고라도 딸을 학자에게 시집을 보내는 것은 좋은 일이다. 학자의 딸을 데려오는 것도 마찬가지이다. 유태 민족이 학자를 존경하는 것이 이러하다.　　　　　　　　　　　　　— 탈무드

- 소가 물을 마시면 젖이 되고, 뱀이 물을 마시면 독이 된다. 슬기로운 사람이 배우면 깨달음을 이루고, 어리석은 자가 배우면 윤회를 이룬다. 이같이 이해하지 못하는 것은 적게 배운 탓이니 모름지기 많이 배워 싫증 냄이 없어야 한다.　　　　　　— 화엄경

※ 돈을 하下, 힘을 중中, 지식을 상上으로 삼아라. ― 플라톤

※ 내가 모른다는 것 그것 한 가지만 분명히 안다. ― 소크라테스

※ 책은 지식을 주고, 인생은 지혜를 준다. ― 탈무드

※ 적게 아는 사람들은 보통 말을 많이 하고, 많이 아는 사람들은 말을 적게 한다. ― 루소

# 2

## 지혜 智慧

- 지혜의 태양은 온갖 어둠을 깨우며, 재앙의 바람을 멈추게 하며, 세상을 비춘다. — 첨품묘법 연화경

- 가장 지혜로운 이와 가장 어리석은 사람은 변하지 않는다. — 공자〈논어〉

- 지혜는 경험의 딸이다. — 다빈치

- 지혜는 신과 사람의 인도자니, 이를 따르는 사람은 기운을 얻으리라. — 반니원경

- 남이 나를 알아주지 않는 것을 근심치 말고 내가 남의 재능을 알아줄 만한 슬기가 없음을 근심하라. — 공자〈논어〉

※ 생각이 온전하면 지혜가 생기고, 생각이 흩어지면 지혜를 잃나니, 이 두 갈래의 길을 밝게 알아서 지혜를 따르면 도를 이루리라.
― 법구경

※ 참 지혜는 항상 인간을 침착하게 하며, 바른 균형을 잃지 않고 사물을 관찰하게 한다. ― 임어당〈지혜의 중요성〉

※ 지식은 전달될 수 있으나 지혜는 전달될 수 없다. 사람은 지혜를 찾을 수 있고 실천할 수 있고, 그것에 의해 강화될 수 있고 경이를 행할 수도 있다. 그러나 그것을 전달하고 가르칠 수는 없다.
― 헤르만 헤세

※ 지혜 있는 사람은 물을 좋아하고 어진 사람은 산을 좋아한다. 지혜 있는 사람은 움직이고 어진 사람은 고요하다. 지혜 있는 사람은 즐거이 살고 어진 사람은 장수한다. ― 장자

※ 그 나이에 마땅히 가져야 할 지혜를 가지지 못한 자는 그 나이에 당할 수 있는 모든 고난을 당한다. ― 볼테르〈성찰과 격언 중〉

지혜는 사람이 살아가면서 경험으로부터 생긴다. 그러므로 나이가 들수록 터득하는 지혜가 젊은 사람보다 많은 것이다. 그래서 우스갯말로 '떡국의 농간'이라는 말을 할 때도 있다. 지혜는 작고 하찮은 것도 무시할 수 없다.

사소한 것이지만 문제를 일으키게 되고 화를 입을 수 있다.

실례를 들어 보자. 어느 날 공자가 어머니에게 아내를 쫓아내야겠다고 말하자 공자 어머니가 무슨 까닭인지 물었다. 공자는 사실을 본 대로 이야기했다. 공자가 어느 날 일찍 집에 돌아왔다. 방문을 열자 공자 아내가 짧은 속옷 하나만 입고 벌렁 누워 자고 있었다. 그 광경을 본 공자는 버럭 화를 내며 "아, 이게 무슨 꼴이요." 하고 말하자 급히 옷을 찾아 몸을 가리고 인기척도 없이 방문을 연 남편을 원망했다. 그 당시에는 칠거지악이 성했던 탓에 공자의 소견이 타당했을 것도 같다. 공자의 어머니는 공자에게 "네 잘못이 더 크다. 방문을 열기 전에 미리 인기척을 했어야지."라고 말했다.

공자는 경솔한 자신의 잘못을 알고 부인을 그냥 두었다. 부인의 잘못이 있다면 설마 누가 찾아올까 하는 생각에 방문을 잠그지 않고 속옷 바람으로 누워 잔 것이다. 그러고 보면 두 사람 모두 지혜가 없다고 하겠다. 부인은 만약을 위해 방문을 잠갔어야 했고 남편은 노크를 하거나 들어가도 되겠느냐고 물어보고 살폈어야 하는 것을 하지 않았다는 것이다.

또 다른 비슷한 예는 옛날에 나이가 지긋한 어른들은 출타해서 집에 귀가할 때는 멀리서부터 노래를 하거나 큰기침을 하면서 들어온다. 혹시라도 어린 손주가 높은 시렁 위의 먹을 것 즉 대추, 곶감 등을 꺼내기 위해 어렵게 올라갔는데 할아버지가 갑자기 들어섰을 때 어린 손주가 겁이 나고 놀라 떨어지면 다칠까 염려되어 그랬던 것이다.

다시 말하면 안전을 위해 시간적 여유를 준 것이다. "오얏나무 밑에서 갓끈을 고쳐 매지 마라." "참외밭을 지날 때 신발끈을 매지 마라."는 속담도 있다.

지금 시대는 거의 아파트에 살며, 초인종이 있고, 영상TV가 있기 때문에 별 문제가 없지만 옛날 시골집들은 담장이 있었고 대문이나 싸리문이 있었다. 이웃집 기혼 남자가 출타할 때는 종종 아랫집 친구에게 들러서 장날인데 함께 가자거나 무엇 부탁할 것 없느냐고 묻고 심부름을 해주기도 했는데 그 친구 집에 들어가기 전에 대문이 없는 사립문이라면 담장 밖에서 "아무개 집에 있나?" 하고 소리를 치면 친구가 방문을 열고 "들어오게" 하면 싸리문을 손수 열고 들어섰고 친구가 집에 없다면 그 집 부인이 나와 집에 들어가지 않고 담 밖에 있는 이웃 남자와 말을 주고 받았다.

혹시 여자 혼자 있는 집을 함부로 들어가고 나왔다면 안 좋은 소문이 금방 퍼지는 것이다. 그래서 애초에 의심을 살 일은 하지 말라는 것이다.

또 이런 지혜도 있다. 길이나 논밭, 마당, 방, 마루에 위험한 물건(깨진 유리 조각, 병, 날카로운 쇠붙이, 뾰족한 물건)은 줍거나 치우고 농기구 중에서도 위험한 낫, 곡괭이, 쇠스랑, 도끼 등은 아무 데나 함부로 두지 않는 것이 좋다. 보관하는 법도 날카롭고 뾰족한 곳이 아래로 향하도록 두거나 잘 걸어 놓는 것이 좋다.

뜨거운 물이나 불 옆에는 어린이가 접근이 어렵게 해야 하고 모서리가 있고 부딪히면 다칠 염려가 있는 가구나 장식은 보호대를 씌우는 것도 지혜라고 하겠다.

인간이라면 누구나 실수를 할 때가 있다. 그런데 현명한 사람은 실수를 통해 미래를 준비하는 지혜를 배우는 것이다.

**지혜와 삶**

- 청년기는 지혜를 연마하는 시기요 노년기는 지혜를 실천하는 시기이다. ― 루소

- 사람은 만일 자기를 사랑한다면 모름지기 삼가 자기를 보호한다. 지혜 있는 사람은 하루 세 때 가운데, 적어도 한 번은 자기를 살핀다. ― 법구경

# 폭풍 앞에서 굽히기

갈대와 감람나무가 서로 힘 자랑과 참을성 자랑을 하고 있었다. 허약하고 바람에 쉬 굽힌다는 감람나무의 꾸지람을 듣고 갈대는 잠자코 있었다. 곧 센 바람이 불어닥쳤다. 돌풍에 이리저리 불리고 굽힘으로써 갈대는 어렵지 않게 폭풍을 이겨냈다. 그러나 버티던 감람나무는 바람의 힘에 부러지고 말았다.   —이솝

자신이 처한 상황을 받아들여 더욱 센 힘에는 굽히라는 교훈이다. 굽히는 것이 무모하게 돌부리를 차는 것보다 낫다.

# 군자와 소인

- 소인은 사물을 볼 때 자기와 동등하기를 원하는 까닭에 비교만 하지 너그럽게 포섭할 줄 모른다. — 공자〈논어〉

- 작은 일을 가지고 자랑하는 것은 늘 소인의 일이다. — W. 세익스피어 헨리 6세

- 군자의 마음은 늘 평정하면서도 넓고 소인의 마음은 항상 근심에 차 초조하다. — 논어

- 공자는 네 가지를 끊었다. 억측하지 않고, 집착하지 않고, 고루하지 않고, 사사로운 주장이 없었다. — 논어

천명天命을 모르면 군자가 되지 못한다. 때를 모르면 서지 못한다. 말을 모르는 사람은 알지 못한다. ─ 논어

군자는 세 가지 두려워하는 일이 있다. 천명을 두려워하며 대인을 두려워하며 성인의 말씀을 두려워한다. 소인은 천명을 알지 못하여 두려워하지 않고, 대인을 존중하지 않으며, 성인의 말씀을 업신여긴다. ─ 노자

군자는 생각하는 것이 아홉 가지가 있다. 시視는 밝아야 함을 생각하며 청聽은 총명해야 함을 생각하고, 안색은 온화로워야 함을 생각하며 용모는 공손해야 함을 생각한다. 그리고 말에는 신의가 있어야 함을 생각하며 일을 행함에 정성스러워야 함을 생각하고 의심이 나면 물어야 함을 생각하며, 분하면 환란이 있을까 생각하고 이득이 있으면 옳은가를 생각한다. ─ 공자〈논어〉

# 시간과 돈

- 사람들은 돈을 시간보다 소중히 여긴다. 그러나 그 때문에 잃어버린 시간은 돈으로 살 수 없다. ― 탈무드

- 일생에 청춘은 두 번 오지 아니하고 하루에 새벽은 두 번 있지 아니하니. 주어진 시간에 최선을 다하라. 세월은 사람을 기다리지 않는다. ― 도연명

- 세월은 얻기 어렵고 잃기는 쉽다. ― 사기

"세월은 쏜 살보다 빠르다"는 말이 있다. 우리는 어렸을 적에 어른들로부터 시간을 낭비하지 말고 공부를 해야 한다는 말을 많이 들으면서 자랐다. 그러나 안타깝게도 세월이 빠르다는 사실을 자신이 확실히 느낄 때는 이미 나이가 들어버린 뒤이다.

훌륭한 사람이 되느냐 못 되느냐는 세월이 빠르다는 사실을 어느 시점에 깨닫느냐에 달려 있지 않을까?

❖ 알맞으면 복이 되고 너무 많으면 해가 되나니, 세상에 그렇지 않은 것이 없거니와 재물에 있어서는 더욱 심하다. ─ 장자

❖ 돈과 시간은 가장 무서운 인생의 짐이요. 많은 인간들 중에 가장 불행한 자는 그것을 사용할 능력 이상으로 많이 소유하고 있는 자이다. ─ 사무엘 존슨

❖ 사람이 재물과 음욕을 버리지 않는 것은 마치 칼날에 꿀이 묻어 있어서 한번 먹을 것도 되지 않건만 어린애와 같이 핥으면 혀가 베어지는 재앙이 따르는 것과 같다. ─ 사십이장경

❖ 아아! 돈! 돈! 이 돈 때문에 얼마나 많은 슬픈 일이 이 세상에서 일어나고 있는가 ─ 톨스토이〈전쟁과 평화〉

❖ 사람은 일단 황금의 목적들이 되어 버리면, 지금까지의 좋은 성품도 곧 나쁜 방향으로 가라앉기 시작한다. ─ 윌리엄 셰익스피어

❖ 사람들은 재산이 쌓여도 쓸 줄을 모르고, 이로 인해 마음을 졸이고 걱정에 꽉 차 있으면서도 더욱 재산을 쌓으려 애쓰고 있으니 이를 사서 하는 근심이라 하겠다. ─ 장자

❖ 큰 재산은 큰 속박이다.    — 세네카

❖ 재산을 가지고도 그것을 즐기지 못하는 사람은 황금을 나르고 엉겅퀴를 먹는 당나귀와 같다.    — 토머스 풀러(영국 신학자)

❖ 재산을 모으기만 하고 쓸 줄 모르는 자가 있다. 탐욕에 눈이 어두워 재산을 모으기 위해 살기 때문이다.    — 유베날(로마 희극 시인)

❖ 까닭없이 천금千金을 받으면 큰 복이 아니라 반드시 화禍가 있으리라.    — 소식〈명심보감 성심편〉

❖ 많은 부자들이 한 배에 타게 되었다. 그중에 랍비가 한 명 끼어 있었다. 배에 탄 부자들은 자신들이 가진 보물과 재산을 자랑하기에 바빴다. 랍비도 지지 않고 말했다. 사실은 내가 세상에서 제일 부자라오. 지금은 내가 가진 것을 보여 줄 수가 없어서 아쉽군요. 잠시 후 해적들이 나타나 그 배를 점령했다. 부자들이 가진 것을 모두 빼앗기고 말았다. 다행히 안전한 곳에 도착한 랍비는 그 마을 사람들에게 존경을 받는 선생이 되었다. 어느 날 랍비는 우연히 한 배에 타고 있던 부자들을 만나게 되었다. 그들은 재산을 잃고 비참하게 살고 있었다. 그들은 랍비를 보고 말했다. 당신의 말이 맞습니다. 지식을 갖고 있는 것이 가장 부자라는 것을 이젠 알고 있어요.    — 탈무드

# 6

# 욕망

◆ 좀 더 열린 마음으로 인생사를 바라보면 가지지 못해 아쉬워했던 것들이 사실 그토록 간절히 원했던 것은 아님을 알게 된다.

— 앙드레 모루아

　돈은 위대한 힘을 발휘한다. 돈은 권력과 명예를 살 수도 있고 첨단 과학과 사업 개발·미래의 변화되는 사회 문화까지도 큰 영향을 끼치며 나라의 성쇠까지 좌우할 수 있다. 그러나 돈이 꼭 행복을 가져오고 죽은 사람을 되살릴 수는 없다.

　우리가 삶을 살 때 돈은 필요하고 돈이 있음으로 편리함은 물론 고마운 것은 틀림없다. 그러나 돈에 너무 집착하면 돈을 멀리하는 것보다 오히려 나쁜 결과를 가져온다. 돈은 두 가지 성질을 가지고 있다. 돈으로 인한 사건들이 발생하는 나쁜 모습을 우리는 수없이 많이 보고 있다. 예를 들어 복권 당첨으로 십중팔구는 가정이 파탄

되고, 형제간의 의리가 소원해지고 남을 무시하여 욕을 먹고 재산 분배로 싸우며 불효와 살인, 원수, 복수, 재판 등 수없이 많은 문제를 야기한다.

돈을 어려움에 처한 사람을 위해 사용하면 그 돈은 목숨을 살릴 수 있고, 가난한 사람을 돕는다면 복을 쌓는 일이며 자손 대대로 칭송을 받을 수 있다. 돈 앞에 누가 자유로울 수 있을까.

돈으로 인해 부자들과 높은 사람까지 감옥에 가는 것은 참으로 바보요 수치스러운 일이다. 류시화 시인의 《하늘 호수로 떠난 여행》이 한때 베스트셀러였다. 인도 사람들은 모두 그런지는 모르지만 내것 네것이란 물질의 개념이 없는 듯하다.

친구의 물건을 허락도 없이 자기 것처럼 자연스럽게 사용하기도 하고 소유하려는 버릇이 있다고 여행담에는 쓰여 있다. 상대방에게 "내 것을 주지도 않았는데 왜 네가 갖고 있느냐?"고 물으면 "이것이 어찌 네 것이라고 할 수 있느냐?"고 반문한다니 아이러니하지만 틀린 말도 아닌 것 같다. 누가 한 말인지 우습지만 의미 있는 한 귀절이 떠오른다.

"내 것이라고 착각하지 말라. 우리의 것이라 하면 그래도 좀 좋은 말이냐."

# 7

## 겸손과 교만

◈ 부유하게 사해를 소유했더라도 겸손으로써 지켜라. ─ 공자

◈ 예에 어긋난 것을 보지 말고, 예에 어긋난 것은 듣지 말며 예에 어긋난 것은 말하지 말고 예에 어긋난 것은 행하지 말라.
─ 공자〈논어 안연편〉

◈ 내 친구는 재능이 있으나 재능이 없는 자에게 묻고, 지식이 있으나 지식이 없는 자에게 물으며, 있어도 없는 듯이 하고 차 있으면서도 빈 것처럼 보이며, 침해를 당하고서도 반항하지 않았다. ─ 회남자

◈ 윗자리에 있어 아랫사람을 업신여기지 않고 아랫사람에게 있어 윗사람을 당겨잡지 않는다. 자신을 바로잡고 남에게 구하지 아니하면 원망하는 마음이 없다. ─ 대학

- 교만은 패망의 시초이며 교만한 마음은 넘어짐의 앞잡이이다.

  — 솔로몬(잠언 16:18)

- 거만한 가슴에는 우정이 싹트지 않는다.

  — 괴테

- 거만은 인간이 자기를 남보다 뛰어나다고 생각하는 잘못된 생각에서 생기는 기쁨이다.

  — 스피노자 에디카

- 여름날 불 속에 뛰어드는 날벌레를 어리석다 하지만 처세에 있어서 남보다 잘난 척하고 덤벙거리며 앞서는 것은, 불 속에 뛰어드는 벌레의 운명을 밟기 쉬운 것이다. 지혜로운 사람은 뜻은 높이 가지되 행동은 한 걸음 물러서는 법이다.

  — 채근담

- 총명하고 생각이 뛰어나도 어리석음으로 지켜야 하고 공로가 천하를 덮을 만하더라도 사양함으로써 지켜야 하고, 용맹이 세상에 떨치더라도 겁냄으로써 지켜야 하고, 부유함이 온 세상을 차지했다 하더라도 겸손함으로써 지켜야 한다.

  — 공자

성서 마태복음에 누구든지 자기를 높이는 자는 낮아지고 자기를 낮추는 자는 높아지리라 하였다.

노자老子는 "최선의 선은 물과 같다. 上善若水"라고 하였다. 물은 높고 깨끗한 곳에 있으려고 하지 않고 항상 낮은 곳으로 흐른다.

사람들이 물의 성질을 본받아 좀 더 겸손해진다면 세상은 더욱 아름다워질 것이다.

◈ 자만하면 손해를 부르고, 겸손하면 도움을 받는다.  — 서경

세상을 살아가는 데 있어 겸허함의 중요성을 알기 쉽게 표현한 말이나 참다운 겸손은 모든 미덕의 어머니이다. 그러나 자만은 많은 적을 만들고 결국 인간을 파멸로 몰고 가기 마련이다. 우리는 옛 성현들이 몸소 실천한 겸손을 본받아 세상을 지혜롭게 살아야 하겠다.

◈ 구정물을 마구 휘저으면 밑에 가라앉았던 온갖 추잡한 것들이 다 떠올라 그 구정물이 얼마나 더러운가를 알 수 있듯이, 인간이 화가 나면 그 개성의 결함이나 인간의 수준 등 온갖 단점들이 다 드러난다.  — 김경선

◈ 꽃에 향기가 있듯이 사람에게도 품격이 있다. 그러나 향기가 신선하지 못하듯 사람도 그 마음이 맑지 못하면 자신의 품격을 보전하기 어렵다. 썩은 백합꽃은 잡초보다 오히려 그 냄새가 고약하다.  — 세익스피어

예절이란 인간관계에 있어서 서로의 인격을 존중하는 데 그 근본이 있다. 자식 간의 예절은 부모를 공경하고 부모는 자식을 사랑으로써 보살피는 것으로 나타난다. 예절은 그 입장에 따라 책무가 정해지고 그것이 하나의 질서의 구실을 한다. 예절이 없으면 질서 있는 협력協力이 유지되기가 어렵다. 형제간에도 그렇지만 부부간에도 사랑만으로는 부족하며 어느 정도의 예절이 필요하다.

## 공손한 사람의 태도

송宋나라의 진요자는 명궁名弓이었다. 그는 활을 어찌나 잘 쏘는지 나라 안팎에 그와 감히 겨눌 만한 사람이 없었다. 때문에 그는 우쭐하여 사람들 앞에서 자신의 실력을 자랑하곤 하였다.

어느 날 그는 여느 때와 마찬가지로 사람들을 모아 놓고 활을 쏘고 있었는데 마침 근처를 지나가던 기름 파는 노인이 기름병을 내려놓고 그 모습을 지켜보았다. 노인은 진요자가 화살 열 개 가운데 아홉 개가 과녁에 명중하자 희미한 미소를 지으며 고개를 끄덕였다. 진요자는 의기양양하여 어깨를 으쓱거리면서 노인에게 걸어오더니 물었다.

"노인장 제 궁술弓術의 비결秘決이 궁금하십니까?"

그러자 노인은 별것 아니라는 듯이 대답했다.

"그게 무슨 특별한 비결이라 하겠습니까? 활이 당신 손에 푹 익은 것 같군요"

대수롭지 않은 노인의 말에 진요자는 기분이 상했다.

"아니 제 솜씨를 어찌 그렇게 가볍게 평가하십니까? 이건 하루아침에 배울 수 있는 궁술이 아닙니다."

노인은 웃으며 다시 말했다.

"아, 화내지 마시오. 내가 참기름 장사를 오래 하다 보니 조금 이치를 아는 것뿐이라오."

그러면서 노인은 호리병박처럼 생긴 빈 참기름병을 꺼내 땅바닥에 세우더니 엽전으로 그 주둥이를 막았다. 그리고는 참기름을 국자로 떠서 병 속에 흘려 넣었다. 그런데 노인의 키 높이에서 흘려보낸 참기름이 바로 엽전의 작은 구멍 속으로 한 치의 오차도 없이 흘러 들어갔다. 엽전에는 참기름이 한 방울도 묻지 않았다.

진요자는 노인의 솜씨에 벌린 입을 다물지 못했다.

그러자 노인이 말했다.

"아 놀라지 마십시오. 나도 뭐 별다른 비결이 있는 것이 아닙니다. 다만 손에 푹 익었을 뿐이라오."

그 말을 들은 진요자는 노인에게 머리를 숙여 인사했다. 특별한 사람인 체해서도 안 되겠지만 경솔하게 자신의 특출함을 뽐내지 말아야 한다. 사람은 남을 칭찬함으로써 자기가 낮아지는 것이 아니다. 도리어 상대방과 같은 위치에 놓여지게 된다.

"벼는 익을수록 고개를 숙인다"는 말도 있다.

## 제5부

# 세상을 살면서

세상을 살면서 | 감옥 | 쥐새끼 같은 것들 |
부모와 효도 | 형제 | 가훈과 좌우명 | 현명한 사람 |
역경의 유익함 | 인간의 이기심

# 1

## 세상을 살면서

◈ 삶이란 기운이 모여 된 것이다. 오래 사는 것과 일찍 죽는 그 사이가 얼마나 되나 결국은 잠깐 사는 것에 지나지 않는다.

— 장자

◈ 우리들은 이 세상에 사는 것이 아니라 이 세상을 지나가고 있다는 것을 기억하라.

— 톨스토이

◈ 첫째도 친절, 둘째도 친절, 셋째도 친절이다.

— 헨리 제임스

❈ 비록 오늘 많은 것을 배우지는 못했을지라도 조금이라도 뭔가를 배우지 않는가. 설혹 조금도 배운 것이 없다 할지라도 최소한 안 아팠다면 최소한 죽지는 않았지 않은가? 따라서 항상 모든 것에 대해 감사해야 한다.
―석가

❈ 인간이 갖고 있는 한 가지 가치는 수치羞恥이다. 수치 있는 인간은 쉽게 죄악에 떨어지지 않는다.
―유태 경전

❈ 부끄러워할 것에 부끄러워하지 않고 아무것도 아닌 것에 부끄러워하고 있는 인간은 타인의 허위의 세상에 씌워져 있는 인간이다.
―석가

❈ 사람은 부끄러워할 줄 아는 유일한 동물이다. 사람은 그럴 필요가 있다.
―M 트웨인

❈ 끝을 신중히 함을 처음과 같이 하면 패하는 일이 없다.
―노자

❈ 자기 자신의 결점을 반성하고 있는 사람에게는 남의 결점을 보고 있을 틈이 없다.
―탈무드

어려움을 겪고 있는 사람들은 자신이 가지고 있는 것에 감사하기 어려울 것이다. 그러나 실제로 위기에 직면하면 평상시에 당연하게 여기던 것에 감사하게 된다. 위기에 부딪히지 않았을지라도 현재 가지고 있는 것에 감사할 줄 알아야 한다.

자고로 사람은 무식하지 않고 지혜로워야 한다. 언제나 부지런하고 맡은바 일에 충실하며 포기하지 말며 깨어 있어야 한다. 그렇지 않으면 먹고 살찌고 똥 싸는 돼지와 다를 바가 없다. 항상 "덕분입니다", "감사합니다", "고맙습니다", "내 잘못입니다", "죄송합니다" 하며 살아야 한다.

# 감옥

사람이 사는 동안 죄질이 나쁜 사람을 감옥에 가두는 법이 있다. 그런데 자기 스스로 마음의 감옥살이를 하는 사람들도 많이 있다. 인간에게 다섯 가지의 감옥이 있는데 첫째는 자기 사랑의 감옥으로 자기주장, 자기 생각, 자기 이익, 자기 욕심에 사로잡혀 살고 있는 사람으로 이런 사람에겐 참된 이웃이나 진실한 벗이 존재할 수 없는 것이다.

둘째는 근심의 감옥인데 필요 없는 근심 걱정이다. 털어버리고 잊어버리면 되는 것을 끌어안고 고민하고 염려함으로 심신이 상하게 되는 것이다.

셋째는 과거過去를 못 잊는 향수鄕愁의 감옥으로 지나가 버린 과거에 집착하여 후회하고 안타까워한들 무슨 소용이 있겠는가?

네 번째는 선망羨望의 감옥으로 남의 떡이 커 보이는 것처럼 자신의 처지와 환경을 비하卑下하며 만족을 모르는 것이다.

다섯째는 증오憎惡의 감옥으로 시기猜忌와 증오는 비극悲劇을 초래한다.

미움의 감정은 삶을 파괴하고 자신과 상대방까지 파괴한다. 이런 감옥에 갇혀 있는 한 결코 행복하다고 할 수 없다. 갇혀 있다고 생각되면 거기에서 나오도록 힘써야 한다.

# 쥐새끼 같은 것들

※ 相鼠(볼 상, 쥐, 서) 4행시

쥐새끼도 가죽이 있는데 인간이라면서 예의도 없네. 예의도 없는 인간이라면 차라리 죽는 게 낫지. 쥐새끼도 이빨은 있건만 인간이라면서 염치도 없네. 염치도 없는 인간이라면 차라리 죽는 게 낫지.

— 시경

시경詩經은 305수의 시로 이루어져 있고 총글자 수는 39,124자이다. 시경은 문학이며 사람의 감성을 풍부하게 한다.

※ 오! 경계하라. 걱정이 없을 때 경계하며 법도를 잃지 말고 편안히 놀지 말며 즐기는 일에 빠지지 말라.

— 서경〈로서 대우모 虞書 大禹謨〉

서경書經은 그대로 하나라와 상나라의 왕실 기록이다. 서경은 갑골문으로 사리를 밝히어 알게 한다. 또 멀리 내다보게 하며 에피소드만 더 가미한다면 훌륭한 정치 소설이다.

그물은 그물코가 나란해야 엉키지 않는다. 농사일의 경우는 다 같이 힘을 합해야 풍성한 가을을 맞을 수 있다. 리더는 말로 사람을 움직여서는 안 된다. 마음으로 움직여야 한다.

**옛말에 이르기를 암탉은 새벽에 울면 안 된다고 했다. 암탉이 새벽에 울면 집안이 망한다.**

※ 3100년 전에 주나라 무왕이 한 말이다. 요즈음 그런 소리를 함부로 했다가는 망신당할 것이다.

## 부모父母와 효도孝道

- 부모를 임금의 자리에 오르게 한다 해도 그 은혜는 다할 수가 없다.

  — 석가

- 사람이 바꾸려고 해도 바꿀 수 없는 것은 자기의 부모이다.

  — 탈무드

- 불효부모사후회 不孝父母死後悔
  부모에게 효도하지 않으면 죽은 뒤에 뉘우치게 된다.

  — 주자십회 첫째

- 나무가 고요하고자 하나 바람이 그치지 않고 자식이 효도하고자 하나 어버이는 기다리지 않는다.

  — 한시외전

◈ 길은 가까운 데 있는데 사람들은 먼 데서 찾는도다. 일은 쉬운 데 있거든 사람들은 어려운 데서 찾는도다. 사람마다 부모를 부모로 섬기고 어른을 어른으로 섬기면 온 천하가 화평해진다. ─ 맹자

◈ 어버이를 사랑하는 사람은 남을 미워하지 않고 어버이를 존경하는 사람은 남에게 오만하지 않는다. ─ 공자〈효경〉

◈ 효순한 사람은 또한 효순한 자식을 낳고
불효한 사람은 또한 불효한 자식을 낳는다.
믿지 못하겠거든 저 처마 끝의 낙수를 보라.
방울방울 떨어져 내림이 어긋남이 없느니라. ─ 태공太公*

◈ 은혜를 모르는 자식을 두기란 독사에게 물리는 것보다 더 고통스럽다. ─ 셰익스피어

---

\* 태공 BC 1122~? 중국 주나라 초엽의 조신朝臣. 성은 강姜이고 이름은 상尙인데 여呂 지방을 다스렸으므로 여상呂尙이라고도 한다.
흔히 낚시를 좋아하는 사람을 강태공이라 하는데 그 이유가 있다. 중국에서는 유사 이래 가장 살기 좋았던 시절이 요堯임금, 순舜임금이 다스렸던 시대, 즉 요순堯舜 시대라 하고 그다음이 하夏나라 우禹임금과 은殷나라 탕湯임금, 그리고 주周나라 문왕文王, 무武왕이 다스렸던 시대이다.
강태공은 문왕의 신하로서 이러한 태평성대를 이룩하는 데 많은 공헌을 한 인물이다. 그는 문왕과 같은 훌륭한 군주를 만나기 위해 나이 70세가 되도록 위수渭水가에서 고기를 낚기보다는 시간을 보내기 위해 낚시를 하며 때를 기다렸다. 그래서 요즘에도 낚시를 하는 이들을 강태공이라 높여 부른다.

이스라엘 한 마을에 금화 6천 개 값의 가치가 있는 큰 다이아몬드를 가진 사람이 있었다. 어느 날 한 랍비*가 사원의 장식을 위해 금화 6천 개를 가지고 다이어몬드를 사러 왔다. 공교롭게도 다이아몬드를 가진 사람의 아버지가 금고 열쇠를 베개 밑에 깔고 낮잠을 자는 것이었다. 그는 랍비에게 말했다. "주무시는 아버지를 깨울 수 없습니다" 당장 다이아몬드를 팔기는 어려울 것 같습니다.

제 부모를 사랑하는 자는 감히 남을 미워하지 못하고 제 부모를 공경하는 자는 감히 남을 업신여기지 않는다. 사랑하고 공경하는 마음을 제 부모에게 다하고 보면 덕스러운 가르침이 백성들에게까지 미쳐서 천하가 본받게 될 것이니 이는 천자로서의 효도이다.
— 공자〈효경〉

집안이 화목하면 가난해도 좋거니와 의義롭지 않으면 부富인들 무엇하리. 오로지 한 자식의 효도만 있다면 자손이 많아서 무엇하리.
— 명심보감〈성심편〉

---

* 랍비  랍비라는 말은 1세기경부터 사용됐다. 히브리어로 교사라는 뜻이다. 일반적으로는 성인을 지칭한다. 로마인들은 유태인의 민족성을 말살하기 위해 책을 불사르고 학교를 폐쇄하는 한편 랍비 교육을 금지했다.
랍비는 유태인의 지도자로 변호사이며 의사이다. 랍비가 없으면 유태인 사회는 제 기능을 하지 못한다. 이 부분을 파악한 로마가 랍비를 집중 탄압하였다.

◈ 세월은 물과 같이 흘러 부모를 섬기는 시간도 결코 길지는 못하다. 그렇기 때문에 사람의 자식된 자는 모름지기 정성을 다하고 힘을 다하면서도 자기의 할 일을 다하지 못할까 두려워해야 한다.

— 이율곡〈격몽요결〉

◈ 낳으실 때 괴로움 다 잊으시고
기르실 때 밤낮으로 애쓰는 마음
진자리 마른자리 갈아 뉘시고
손발이 다 닳도록 고생하시네.
하늘 아래 그 무엇이 높다 하리요.
어머님의 은혜는 가이없어라.

— 어머님 은혜

◈ ① 앞산 노을 질 때까지 호밋자루 벗을 삼아
화전밭 일구시고 흙에 살던 어머님
땀에 찌든 삼베 적삼 기워 입고 사시다가
소쩍새 울음 따라 하늘 가신 어머니
그 모습 그리워서 이 한밤을 지샙니다.

② 무명 치마 졸라매고 새벽 이슬 맞으시며
한평생 모진 가난 참아 내신 어머니
자나 깨나 자식 위해 신령님 전 빌고 빌어
학처럼 선녀처럼 살다 가신 어머니

이제는 눈물 말고 그 무엇을 바치리까

— 태진아〈사모곡〉

① 불러 봐도 울어 봐도 못 오실 어머님을
원통해 불러보고 땅을 치며 통곡해요.
다시 못 올 어머니여 불초한 이 자식은
생전에 지은 죄를 엎드려 빕니다.

② 손발이 터지도록 피땀을 흘리시며
못 믿을 이 자식의 금의환향 바라시고
고생하신 어머니여 드디어 이 세상을
눈물로 가셨나요. 그리운 어머니

— 진방남〈불효자는 웁니다〉

① 어머님 오늘 하루를 어떻게 지내셨어요.
백날을 하루같이 이 못난 자식 위해
손발이 금이 가고 잔주름이 굵어지신 어머님
마음은 떠나 있어도 잊으리까 잊으오리까
오래오래 사세요. 편히 한번 모시리이다

② 어머님 어젯밤 꿈에 너무나 늙으셨어요
그 정성 눈물 속에 세월이 흘렀건만
웃음을 모르시고 검은 머리 희어지신 어머님

몸만은 떠나 있어도 어머님을 잊으오리까
오래오래 사세요 편히 한번 모시리이다.

― 남진〈어머니〉

① 하늘마저 울던 그날에 어머님을 이별을 하고
원한의 십년 세월 눈물 속에 흘러갔네.
나무에게 물어봐도 돌부리에 물어봐도
어머님 계신 곳을 알 수 없어라 찾을 길 없어라

② 비둘기가 울던 그 밤에 눈보라가 치던 그 밤에
어린 몸 갈 곳 없이 낯선 거리 헤매이네.
꽃집마다 찾아봐도 목메이게 불러봐도
차가운 별빛마저 홀로 새우네 울면서 새우네

― 백설희〈가는 봄 오는 봄〉

남편을 여의고 모진 가난과 고생을 참고 견디며 자식들을 훌륭히 키운 눈물겹도록 장한 어머니들. 세상에 아무리 위대한 그 무엇이 있다 해도 어머니의 은혜를 능가하는 것은 없다. 정겹고 편하고, 넉넉하고, 따뜻함을 품고 있는 "어머니". 이 얼마나 듣기 좋은 말이며 명칭名稱인가?

# 5

## 형제 兄弟

> 형제는 수족과 같고 부부는 의복과 같으니, 의복이 떨어졌을 때는 다시 새것을 얻을 수 있거니와 수족이 끊어진 곳엔 잇기가 어렵다.
> — 장자

형제간의 우애가 얼마나 중요한 것인지 비유를 들어 한 말이다. 또 다른 비유를 들어 말한다면 형제는 부모라는 하나의 나무에서 자라 나온 나뭇가지와 같다. 그러므로 형제간에 서로 미워하고 헐뜯는 것은 자기를 상하게 할 뿐 아니라 부모를 욕되게 한다.

고려 때 아주 의가 좋은 형제가 있었는데 어느 날 함께 길을 가다가 동생이 황금 두 덩이를 주웠다. 서울시 양천구 쪽의 한강인 양천강楊川江을 건너게 되어 두 형제는 나룻배를 얻어 탔다. 배가 강 복판에 이르렀을 때였다.

동생은 갑자기 금덩이를 강물 속에 던졌다. 형이 깜짝 놀라며 왜 버리냐고 묻자 동생은 부끄러운 표정으로 말했다. "저는 평소 형님을 무척 좋아했는데 금덩이를 주워 한 개를 나눠 드리고 나니, 갑자기 형님이 안 계셨더라면 하는 못된 욕심이 싹트려고 합니다. 그것을 보면 황금이 꼭 좋은 물건은 아니라는 생각이 들어 강물에 던져 버린 것입니다."

이 말을 듣고 형 역시 금덩이를 강물에 던져 버렸다.

함께 배를 타고 있던 사람들이 모두 미숙한 백성들이기 때문에 그들의 이름을 묻지 않아 어디 사는 누구였는지 아는 사람이 없었다.

"형제가 길을 가면 범도 해치지 않는다"는 말도 있다.

## 가훈과 좌우명

세상을 살면서 가훈이나 좌우명이 있는 집도 있고 없는 집도 있다. 어느 집에 가보면 표구를 하든지 족자를 만들어 좋은 글을 걸어 놨는데, 거실 분위기와 어울려 느낌도 좋지만 인격 수준을 짐작하게 한다. 몇 개만 옮겨 본다.

恭近於禮遠恥辱

공 근 어 례 원 치 욕

공경하고 예를 갖추는 데에 가까이하면 부끄러운 소리를 듣거나 욕하는 사람이 없다.

## 居安思危

거 안 사 위

편히 있을 때에 앞으로 혹시 닥칠 위태로움을 생각하라.

## 彰往察來

창 왕 찰 래

지난날을 돌아보며 앞으로 잃고 얻을 것을 살핀다.

## 忍一時之憤免百日之憂

인 일 시 지 분 면 백 일 지 우

잠시의 분함을 참으면 백일 동안 근심이 없다.

## 一切唯心造

일 체 유 심 조

탐욕도 미움도 마음이 만들고, 기쁘고 슬프고 추하고 깨끗하고 많고 적음도 마음의 작용이고 온갖 갈등과 분별이 오직 마음의 조화로 생기는 것이며 이 조화를 알고 다스릴 수 있는 사람은 세상 사람들이 그를 높이 우러러볼 것이다.

이 외에 추천할 만한 좋은 글귀도 많다.

| 過猶不及 | 他山之石 | 諸行無常 |
|---|---|---|
| 과유불급 | 타산지석 | 제행무상 |

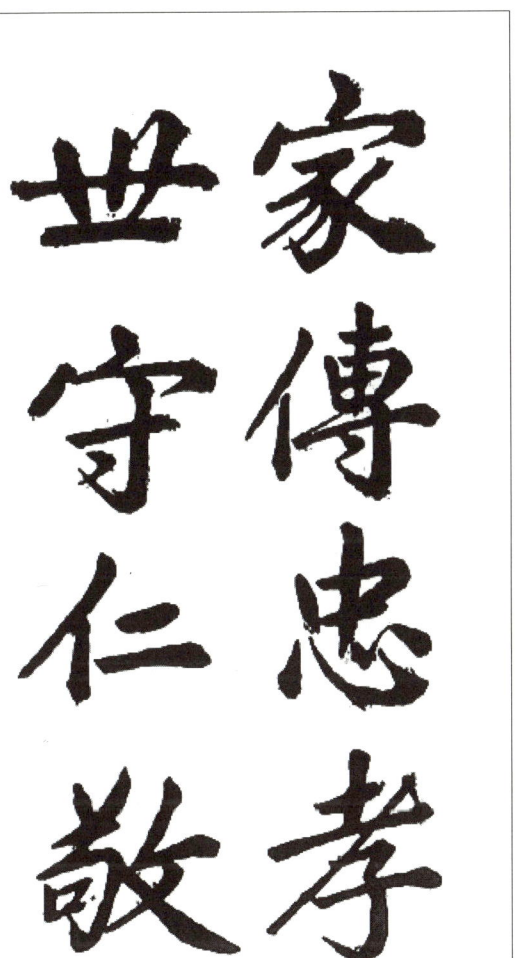

세종대왕의 유일한 친필

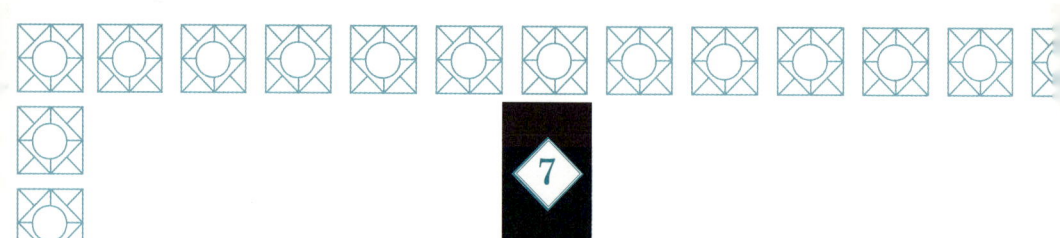

## 현명한 사람

"까마귀 노는 곳에 백로야 가지 마라"라는 옛시조가 있다. 이것은 질이 좋지 못한 사람이나 불량한 사상을 가진 자들과 어울리다 보면 좋지 않은 물이 들까 싶어 경계하라는 뜻이다. 그러나 무조건 사람들을 피하려 하거나 휩싸이는 것을 싫어한다면 원만한 사람이라고 할 수 없다. 온갖 오탁汚濁의 그늘진 거리에 있으면서도 그 탁류濁流에 물들지 않는 것이 진정 현명한 사람이다.

불교를 상징하는 꽃이 왜 연꽃인가. 아무리 더럽고 냄새나는 진흙탕 속에서도 연꽃만은 그 더러운 물이 연꽃 자체에 묻지 않기 때문이다. 이렇게 속俗에 있으면서 속되지 않은 사람이 현명한 사람이다.

말과 행실이 올바른 사람은 비록 악한 무리가 모여 사는 속에 처하여도 자기를 미워하고 괴롭히는 남을 원망하고 싫어하기 전에 자신을 먼저 되돌아보는 것도 순리順理가 아니겠는가?

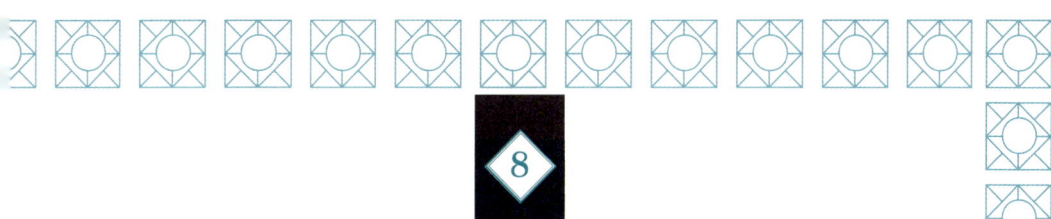

## 역경逆境의 유익함

　사람이 살아가면서 항상 좋은 일만 있을 수는 없다. 때로는 뜻하지 않은 사고나 실수로 인해 낭패를 보게 되는 경우도 있다. 그런데 그러한 어려움과 시련을 맞을 때면 그 속에서 유익한 경험을 얻기도 한다. "비 온 뒤에 땅이 더 굳어진다"는 말처럼 흔히 고통과 시련은 현세現世에서 유형流刑에 처해 있다는 것을 스스로 인식함으로써 자기 성찰의 기회를 갖게 되는 것이다.

　세네카는 역경에 대해 이렇게 말했다. "불은 쇠를 단련시키고 역경은 강한 사람을 단련시킨다."

　전화위복轉禍爲福이라는 말도 있고 "실패는 성공의 어머니"라는 말도 있지 않은가?

사람이 살아 있는 동안 고통도 있고 기쁨도 있다. 삶은 날씨와도 같아 흐린 날도, 비 오는 날도, 화창한 날도 있다. 만약 기쁜 날만 있다면 기쁨이 무엇인지 슬픔이 무엇인지 구분하지 못할 것이다.

작가 생텍쥐페리의 기도문에 이런 말이 나온다.

"고난, 패배, 좌절은 인생에 주어진 당연한 덤이다. 우리는 그로 인해 분명히 성장할 것이다."

정말 그렇다. 역경을 딛고 꿋꿋하게 일어선 용기 있는 사람은 이미 성공한 사람이다. 어려움을 견뎌내지 못하고 극단적인 선택으로 소중한 목숨을 버리는 사람은 되지 말아야 한다.

◈ 바람직한 여덟 가지 자세

1. "할 수 있나"라는 (긍정적 자세)
2. "제가 하겠습니다"라는 (능동적 자세)
3. "도와 드리겠습니다"라는 (적극적 자세)
4. "기꺼이 해드리겠습니다"라는 (헌신적 자세)
5. "잘못된 것은 즉시 고치겠습니다"라는 (겸허한 자세)
6. "참 좋은 말씀입니다"라는 (수용적 자세)
7. "이렇게 하면 어떨까요"라는 (협조적 자세)
8. "대단히 고맙습니다"라는 (감사의 자세)

◈ 살며 느끼며 다짐하며

1. 언제나 자식들 걱정하는 부모 마음 형제들아 잊지 말자.
2. 가족의 소중함을 알아 서로 위로하고 사랑하자.
3. 먹고, 입고, 자고, 배우고, 머물 수 있게 해준 인연들을 잊지 말자.
4. 내 눈으로 본 것만, 내 귀로 들은 것만, 내 입으로 맛본 것만, 내 코로 맡은 냄새만, 내 몸으로 받는 느낌만, 내 행동만, 내 방식만, 내 생각만, 내 말만 옳다고 하지 말자.
5. 외롭고, 슬프고, 불쌍한 사람을 보면 그냥 외면하지 말자.
6. 탐욕은 화禍의 씨앗으로 독이 되어 후회하게 되는 것을 알자.
7. 우연이란 없는 법, 씨앗은 뿌린 대로 나듯 업대로 사는 것을 알자.
8. 큰 손해는 성내는 것과 악하고 흉한 말로 상처를 주는 말이고, 큰 이익은 인욕忍慾과 선한 말과 아름다운 말, 칭찬하는 말이다.
9. 잘산다는 것은 어떤 것이며 행복이란 어떤 것인지 알자.
10. 무엇을 얻고 채울 것인가 무엇을 버리고 비울 것인가를 알자.
11. 모든 것을 속단하여 후회하지 말고 신중하게 결정하자.
12. 그 누구를 탓하거나 원망하지 말고 모든 것이 다 내 탓이라고 생각하면 세상이 편하다는 것을 알자.

◈ 나는 어떻게 변해 갈까 미래의 자기 자신 그려 보기

30대는 어떻게 되어가고

40대는 어떤 모습으로 변해지며

50대가 되면 어떤 위치에 있으며

60~70대가 되면 나의 모습은 어떨까

80대 그 후 나는 어떤 삶을 살았다고 회고할까

\* 후회되지 않도록 계획을 세우고 사십시오.

## 인간의 이기심

지금은 전 세계적으로 유해 배출 가스를 줄이기 위해 많은 노력을 기울이고 있다. 지구의 온난화로 빙하가 녹아 수면이 높아지고 생태계 파괴와 기계화된 과학, 생산 이기심 때문에 자연이 망가지고 있는 것이다.

옛날에는 개구리와 뱀이 흔했지만 요즘은 보기가 어려운 것도 우리 인간의 이기심 때문 아닌가? 지구촌에 사람은 약 70억 명으로 저울에 달면 약 3억 톤인데 가축인 돼지, 소, 양, 닭 등을 합한 무게는 약 7억 톤이다. 야생은 코끼리, 원숭이, 기린, 사자, 토끼, 여우를 해도 1억 톤이 채 안 된다. 살아 있는 늑대는 20만 마리, 기린 8만 마리, 침팬지는 25만 마리에 불과하지만 가축화된 개는 4억 마리다. 사자나 호랑이는 배가 고플 때만 사냥을 하지만 사람은 그렇지 않다. 세상에서 가장 무서운 것이 있다면 인간의 이기심이 아닐까?

## 제6부

# 행복한 가정

행복한 가정을 위해 | 빈부 | 진리란 무엇인가 |
나는 좋은 부모인가 | 부부 클리닉 |
삼강오륜과 주자십회 | 술에 대하여 | 우화에서 배우다

# 행복한 가정을 위해

첫째 자식은 부모를 공경하고, 둘째 부부는 다정하고 셋째는 부모는 자녀를 사랑하며 넷째 형제는 우애가 있어야 한다.

누구나 행복한 가정을 원하지만 어느 한 부분 때문에 평온을 유지하기 어려운 가정들도 있다. 예를 들면 젊은 부부는 천생연분으로 늘 즐겁고 행복하지만 고부간의 갈등으로 집안이 편치 못하거나 남편의 주벽이 심해 결국 갈라서는 부부도 있고 자식이 부모 속을 너무 썩여 무자식 상팔자라는 말을 하기도 한다. 때문에 행복한 가정을 위해서는 무엇보다 불화不和의 씨를 제거하고 화합和合의 기틀 속에서 끝없이 사랑과 노력을 기울여야 한다.

### 가정의 평화를 위해서

설교를 잘하는 유명한 랍비가 있었다. 그는 매주 금요일 밤마다 교회에서 설교를 했다. 많은 사람들이 그의 설교를 듣기 위해 교회를 찾았다. 특히 한 여인이 그의 설교가 있는 날이면 빠짐없이 교회를 찾았다.

그런데 금요일 밤 여인들은 이튿날 안식일에 먹을 음식을 만들어야 했다. 그날도 여인은 랍비의 설교를 듣고 집으로 돌아갔는데 남편이 여인을 기다리고 있었다. "안식일에 먹을 음식은 만들지 않고 어디를 돌아다니는 거야." "교회에서 랍비의 설교를 듣고 왔어요." 그러자 남편은 더욱 화를 내며 아내를 쫓아냈다.

"그 랍비에게 침을 뱉기 전에는 집에 들어올 생각을 하지 말라고."

집에서 쫓겨난 여인은 어쩔 수 없이 친구 집에 머물게 되었다. 이 소문이 퍼져 랍비의 귀에도 전해졌다. 그는 자신 때문에 여인이 고통을 받고 있다고 생각했다. 곧 그 여인을 불러 말했다.

제가 눈이 많이 아프네요. 침으로 씻으면 낫는다고 하는데 그렇게 해주겠소?" 여인은 랍비의 눈에 침을 뱉었다. 그것을 보고 랍비의 제자들이 물었다. "어찌 여인에게 침을 뱉도록 했습니까?"

"가정의 평화를 위해서는 그것보다 더한 일도 할 수 있다네"

—탈무드

## 2

# 빈부 貧富

- 가난하면서 원망하는 일이 없기는 어렵고 부유하면서 교만하지 않기는 어렵다. ─ 공자 〈논어〉

- 부자를 칭찬하는 것은 사람이 아니라 돈을 칭찬하는 것이다. ─ 탈무드

- 부자에게 자식은 없고 상속자만이 있을 뿐이다. ─ 탈무드

- 진정으로 가난한 사람은 적게 가지고 있는 사람이 아니라 더 많은 것을 갈망하는 사람이다. ─ 세네카

- 재산을 뽐내는 사람은 그 외에는 자랑할 만한 것이 없는 사람이다. ─ 로마 명언

◈ 부는 살모사와 같아서 그것을 붙잡는 법을 모르는 자에게는 매우 해롭다. 그것은 마치 독사와 같아서 잘못 붙잡으면 붙잡는 자의 손을 칭칭 감고 물 것이다. ― 성 쿨레멘스 교황

◈ 부의 축척은 어려운 일이요. 그것을 지키는 것은 더욱 어려운 것이다. 그리고 그것을 현명하게 사용하는 것은 가장 어려운 일이다. ― 파슨즈

◈ 불명예스럽게 얻은 재산보다는 차라리 재산을 잃는 편이 더 낫다. 잃는 것은 잠시 괴로움을 줄지 모르나 부당한 재산은 계속적으로 그대를 후회하게 만들 것이다. ― 실러

◈ 가장 적게 소유함으로 만족하는 자는 가장 부유한 자이다. 왜냐하면 만족 그 자체가 자연의 복이기 때문이다.
― 소크라테스

◈ 재산은 소유한 자의 것이 아니라, 그것을 즐기는 자의 것이다.
― 벤자민 프랭클린

◈ 가난한 사람에게는 적이 적고, 구두쇠 부자에게는 친구가 적다. 재산이 많으면 걱정거리가 그만큼 늘어난다. 하지만 재산이 전혀 없으면 걱정이 더 많다. ― 탈무드

◈ 돈은 좋은 사람에게는 좋은 것을 나쁜 사람에게는 나쁜 것을 준다.

— 탈무드

◈ 가난한 사람에게 돈을 빌리는 것은 못생긴 여자에게 키스하는 것과 같다.

— 탈무드

◈ 많으면 더

각별히 경건한 숭배자에게 헤르메스가 황금알을 낳는 거위를 주었다. 그러나 그 사람은 너무 섭섭해서 부가 찔끔찔끔 생기는 것을 기다릴 수 없었다. 그래 거위의 속이 온통 금이겠거니 생각하고 서둘러 죽였다. 희망이 성취되지 못했을 뿐만 아니라 그는 황금알도 얻지 못하게 되었다. 거위 안에서 발견한 것은 보통 피와 살에 지나지 않았던 것이다.

— 이솝

더 많은 것을 원하는 탐욕 때문에 욕심 많은 사람들은 이미 가지고 있는 것도 잃는 경우가 흔하다.

### 뜻이 있는 곳에 길이 있다

《우파니샤드》에 이런 말이 있다. "가난을 한탄하지 말라. 가난한 자도 때가 오면 부자가 될 수 있다. 그러나 마음이 나쁜 자에게 변화란 없다. 그러한 사람은 영원히 가난할 것이다"《우파니샤드》는 바라문의 철학 사상을 담은 성전聖典이다.

현재 가난하다 하여 너무 비관할 일도 아니고 비굴해지거나 부러워할 필요는 더욱 없다. 가난을 무릅쓰고 크게 된 사람도 많이 있지 않은가.

### 지지 않는 전설 속의 꽃

장미 곁에 아마란트가 자라고 있었다. "참 곱기도 하지." 하고 아마란트가 장미에게 말했다. 신이 보기에도 또 사람이 보기에도 얼마나 탐날까? "아름다움과 향기를 축하해요."

"그러나 내 목숨은 짧아요." 하고 장미가 대답했다.

"아무도 나를 자르고 꺾지 않더라도 나는 시들고 말지요. 그런데 당신은 계속 꽃을 피우고 또 항시 싱싱하지요."　　　　　　―이솝

작은 것에 만족하며 오래 사는 것이 잠시 호강하다가 불행이나 죽음을 당하는 것보다 낫다.

※ 아마란트: 시들거나 지는 법이 없다고 알려진 전설 속의 꽃

### 잃을 것이 없다.

노새 두 마리가 짐을 잔뜩 지고 길을 가고 있었다. 한 마리는 돈이 가득 들어 있는 자루를 지고 있었고 다른 한 마리는 보리가 가득 들어 있는 자루를 지고 있었다. 값나가는 짐을 진 노새는 목을 꼿꼿이 세워 고개를 쳐들고 고삐에 달린 방울을 흔들며 큰소리를 내며 걸었다.

한편 그의 길동무는 조용하고 침착한 걸음걸이로 뒤따라가고 있었다. 갑자기 잠복해 있던 도둑떼가 들이닥쳐 끔찍한 싸움이 벌어지고 첫 번째 노새가 칼침을 맞은 뒤 현금을 빼앗겼다. 그러나 도둑들은 보릿자루는 신경 쓸 가치가 없다고 생각했다. 그러자 보릿자루를 진 노새가 말했다. "나로 말하면 그들이 주목할 것 없다고 생각해 다행이야. 잃어버린 것도 없고 다친 데도 없으니 말일세."

— 이솝

가난한 사람들은 안전한 삶을 꾸려 나간다. 부자들은 계속 위험 속에 살고 있다.

# 진리란 무엇인가

 인간 세계는 괴로움으로 가득 차 있다. 삶도 괴로움이요, 늙고, 병들고, 죽는 일 모두가 괴로움 그것이다. 원한을 가진 사람과 만나지 않으면 안 되는 것도 사랑하는 사람과 헤어지지 않으면 안 되는 것도. 그리고 또 구하려고 해도 얻지 못하는 것도 다 괴로움이다. 참으로 집착을 떠나지 아니한 인생은 모두 다 괴로움이다. 이것을 '고의 진리'라고 한다.

 이 같은 괴로움의 원인은 번뇌에서 생기고 그 번뇌는 끝까지 들추어 추적해 가면, 애당초 태어날 때부터 지니게 마련인 세찬 욕망이 그 원인임을 알게 된다. 그와 같은 욕망은 삶에 대한 상별한 집착에서 비롯되며, 그것이 눈에 띄는 것, 귀에 들리는 것들을 모두 소유하고 싶어 하는 탐욕으로 바뀐다.

 이 욕망은 때로는 도를 넘어서 죽음을 원하는 지경에까지 이르기도 한다. 이를 고통의 근원이라고 하며, 집제라 일컫는다.

이 번뇌의 근본은 남김없이 멸하고 모든 집착을 벗어나면 인간의 괴로움도 없어진다. 이것을 '고를 소멸하는 진리'라고 한다.

이와 같은 고통을 남김없이 제지한 경지에 들자면 여덟 가지의 바른 길 곧 팔정도의 수행을 거치지 않으면 안 된다. 팔정도란 즉 바른 견해, 바른 생각, 바른말, 바른 행위, 바른 생활, 바른 노력, 바른 기억, 바른 마음의 통일이다. 이것을 '고의 멸진에 이르는 성스러운 길의 진리'라고 한다.

사람들은 이 네 가지 고집멸도의 성스러운 사성제를 명심하여야 한다. 왜냐하면 이 세상은 괴로움에 차고 누구든 괴로움에서 벗어나려면 번뇌의 원인인 오욕의 욕망을 끊어야 한다. 욕망과 번뇌로부터 해방된 경지는 깨달음에 의해서만이 터득되고 깨달음은 이 팔정도에 의해서 성취될 수 있다.

◈ 아침에 도를 들을 수만 있다면 저녁에 죽어도 좋으리.　　— 공자

◈ 진리를 모르고 사는 이의 백년은 진리를 깨닫고 사는 이의 하루만 못하다.　　— 법구경

◈ 우리는 삶에서 멀리 가면 갈수록 그만큼 진리에 접근하는 것이다.　　— 소크라테스

◈ 사람이 도를 넓히는 것이지 도가 사람을 넓히는 것은 아니다.　　— 공자〈논어〉

◈ 어리석은 자는 평생이 다하도록 현명한 사람과 함께 지내도 역시 진리는 깨닫지 못한다. 마치 숟가락이 국맛을 모르듯이

— 법구경〈제5장 64〉

◈ 만물은 끊임없이 움직이고 있거니와 어느 것이나 각기 그 근원으로 들어가고 있는 것이다. 그 근원으로 돌아감을 '고요해진다'라고 하며, 고요해짐을 '천명 天命으로 돌아간다'라고 한다. 천명으로 돌아감을 '불변不變의 법칙'이라 하며 불변의 법칙을 아는 것을 명찰明察이라 한다. 이 불변의 법칙을 이해하지 못하면 망령된 행동을 해서 불행하게 된다.

— 노자〈노자 제16장〉

◈ 어리석은 사람은 아리따운 장식물을 얻어도 기분을 못 느낀다. 우둔한 사람도 마찬가지다. 비록 지극히 심원한 가르침을 만난다 해도 그 어리석음이 매우 심한 까닭에 그것이 미혹에서 벗어날 진리임을 깨닫지 못해서 배울 생각을 하지 않는다.

— 대종지현문 본론 중

## 나는 좋은 부모인가?

1. 내 생각을 자녀들에게 일방적으로 강요하고 있지는 않는가?
2. 등교 전, 출근 전, 식사 중 잔소리로 분위기를 흐리게 하지는 않는가?
3. 나의 잘못을 자녀의 탓으로 돌리지는 않는가?
4. 자녀가 잘못을 깨달았는데도 되풀이하여 야단치지는 않았는가?
5. 자녀가 힘들어할 때 따지기보다 격려해 주는가?
6. 자녀의 가장 친한 친구는 누구고 싫어하는 친구는 누구인지 알고 있는가?
7. 자녀가 무엇을 잘하고 무엇이 되고 싶어 하는지 알고 있는가?
8. 자녀가 이룬 것이 비록 사소해도 진심으로 기뻐하고 칭찬해 주는가?
9. 가끔 자녀와 함께 즐거운 시간을 갖고 있는가?
10. 나의 기분에 따라 자녀를 대하고 있지는 않는가?
11. 자녀 앞에서 부부가 큰소리로 다투는 일은 없는가?

# 부부 클리닉

1. 지난날의 잘못을 들추지 말라.
2. 칭찬은 아끼지 말라.
3. 나는 상대를 이해하고, 상대에 맞춰 봤는가(몇 번?)
4. 나의 좋은 점이 무엇이며 나쁜 점은 무엇인가?
5. 상대방의 고민과 걱정을 알고 있는가?
6. 상대방은 어떤 것을 싫어하는가?(행동, 말 등)

◇ **부부싸움 원인과 예방**

- 이혼을 예측할 수 있는 네 가지 원소
  비난 → 방어 → 경멸 → 담 쌓기
- 상대의 말과 의견에 공감하라.
- 상대를 두둔해 주라.

# 삼강오륜과 주자십회

### 삼강三剛

父爲子綱 부위자강 아들은 아버지를 섬기는 근본이고

君爲臣綱 군위신강 신하는 임금을 섬기는 근본이고

夫爲婦綱 부위부강 아내는 남편을 섬기는 근본이다.

### 오륜五倫

君臣有義 군신유의 임금과 신하는 의가 있어야 하고

父子有親 부자유친 아버지와 아들은 친함이 있어야 하여

夫婦有別 부부유별 남편과 아내는 분별이 있어야 하며

長幼有序 장유유서 어른과 어린이는 차례가 있어야 하고

朋友有信 붕우유신 벗과 벗은 믿음이 있어야 한다.

## 주자십회 周子十悔

### 不孝父母死後悔 불효부모사후회
부모에게 효도하지 않으면 죽은 뒤에 뉘우친다.

### 不親家族疏後悔 불친가족소후회
가족에게 친절치 않으면 멀어진 뒤에 뉘우친다.

### 少不勤學老後悔 소불근학로후회
젊을 때 부지런히 배우지 않으면 늙어서 뉘우친다.

### 安不思難敗後悔 안불사난패후회
편할 때 어려움을 생각지 않으면 실패 후에 뉘우친다.

### 富不儉用貧後悔 부불검용빈후회
넉넉할 때 아껴 쓰지 않으면 가난한 후에 뉘우친다.

### 春不耕種秋後悔 춘불경종추후회
봄에 종자를 갈지 않으면 가을에 뉘우친다.

### 不治壇墻盜後悔 불치단장도후회
담장을 고치지 않으면 도적맞은 후에 뉘우친다.

### 色不謹愼病後悔 색불근신병후회
색을 삼가지 않으면 병든 후에 뉘우친다.

### 醉中妄言醒後悔 취중망언성후회
술 취하여 망언된 말은 술 깬 뒤에 뉘우진다.

### 不接賓客去後悔 불접빈객거후회
손님을 접대하지 않으면 간 뒤에 뉘우친다.

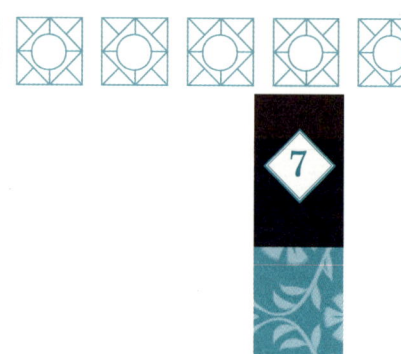

## 술<sub>酒</sub>에 대하여

　세상 최초의 사람이 포도나무를 심고 있었다. 마귀가 찾아와 물었다. "무엇을 심고 있는가?" "아주 좋은 대단한 나무를 심고 있다네." "처음 보는 나무인데?" 마귀에게 말했다. "이 나무에는 아주 달고 맛있는 열매가 열리지. 특히 그 즙을 먹으면 행복해지게 된다네." 마귀도 그 나무에서 행복한 즙을 먹고 싶었다. 나무가 잘 자라도록 양, 사자, 원숭이, 돼지를 끌고 와 그 피를 거름으로 주었다. 이렇게 해서 포도주가 세상에 나오게 되었다. 술은 처음 마실 때 양처럼 온순하지만 조금 더 마시면 사자처럼 난폭해진다. 더 심하면 원숭이처럼 춤추고 노래하게 되며 끝내 토하고 뒹굴며 돼지와 같이 더러워진다. 마귀가 준 선물은 이렇다.　　　　　　― 탈무드

## 술의 서른다섯 가지 과실

사람이 세상에서 술 마시기를 즐기면 서른다섯 가지의 과실을 얻게 되나니 자식은 부모를 존경하지 않고 신하는 임금을 존경치 않아서 군신, 부자에 상하가 없어진다. 말에 어지러운 잘못이 많음이다. 이간질과 말이 많아진다. 남의 숨김을 드러냄이다. 하늘을 욕하고 제단에 오줌을 누어 꺼릴 줄을 모름이다.

길가에 누워 돌아가지 못하고 소지품을 잃어버린다. 스스로 몸을 바르게 가누지 못한다. 상체를 숙이든가 젖히든가 하며 비틀거린다. 도랑이나 구멍에 떨어진다. 넘어졌다가 일어나 얼굴을 상함이다. 매매를 그르친다. 남에게 대든다. 생업을 잃고도 살아가는 것을 걱정하지 않는다. 재물을 소모한다. 처자의 배고픔과 추움을 잊는다. 욕설을 퍼부어 국법을 꺼리지 않는다. 옷을 벗고 달린다. 남의 집에 함부로 들어가 남의 여인을 잡아 끄니, 허물이 무례함이다.

남의 옆을 지날 때 싸우고자 한다. 발을 구르며 외쳐 대어 이웃을 놀라게 한다. 벌레를 함부로 죽인다. 집안 식구를 때리고, 물건을 깬다. 부모에게 폭언한다. 악인과 패거리가 된다. 현명한 사람을 멀리한다.

취했다 깨면 몸이 병난 것처럼 아프다. 토해서 더러우니 처자가 미워한다. 의욕이 들끓어서 사나운 짐승도 피하지 않음이다. 현자와 도사와 승려를 존경하지 않는다. 음욕이 일어나 꺼림이 없음이다.

취해서 미친 사람같이 되어 사람들이 피한다. 죽은 사람같이 되고 말아 남을 알아보지 못한다. 술병에 걸려 얼굴이 여위고 노래진다. 수호신들이 술 때문에 미워한다. 친한 벗이 떨어진다.

관리를 오만하게 대하다가 때로 매를 맞는다. 죽은 후에 태산 지옥에 들어가 살려 해도 살 수 없고 죽으려 해도 죽지 못하게 된다. 요행히 지옥에서 벗어나 사람이 되어도 항상 어리석어 사리를 제대로 알지 못함이니, 지금 어리석어 무지한 사람들은 다 전쟁으로부터 술을 즐겼기 때문에 그렇게 된 것이다. 이같이 사리가 분명하니, 과실이 따르는 법이니 술을 마시면 누구나 이 서른 여섯 가지의 과실을 범하는 것이 되느니라.  — 분별 선악 소기경

- 첫 잔은 건강을 주고, 둘째 잔은 즐거움을 주며, 셋째 잔은 수치를 주고, 넷째 잔은 그대를 미치게 만든다.  — 아나카르시스

- 불만이 가득한 자는 술병에서 위로를 찾고 비겁한 자는 술병에서 용기를 찾으며 수줍어하는 자는 술병에서 확신을 찾고, 슬픈 자는 술병에서 기쁨을 찾으나, 결국 찾는 것이란 다 멸망할 것뿐이다.  — 아라마 클락 (영국 신학자)

- 술주정뱅이는 겸양의 번민이요, 말썽 많은 예절이며, 재산을 낭비하는 자요, 이성을 산만케 하는 자이다. 그리고 그는 양조업자의 기쁜 고객이요, 거지의 친구이며, 경찰의 두통거리요, 처자의 슬픔이며, 이웃의 조롱거리요, 자신의 수치이다.  — 토머스 아담스

- 바다에 빠져 죽는 사람보다 포도주에 빠져 죽는 사람이 더 많다.  — 푸플리우스 시루스(로마 노예 시인)

술이 머리로 들어가면 입으로 비밀이 나온다. 좋은 사람과 하는 술자리에서는 어떠한 술도 좋은 술이 된다. 악마가 너무 바쁠 때는 술을 보낸다. 포도주는 오래되면 맛이 좋아진다. 지혜도 세월이 커갈수록 새로워진다. 아침에 늦잠을 자고 낮에 술을 마시고 저녁에 쓸데없는 이야기로 시간을 보내는 것은 인생을 도둑맞는 것이다.

— 탈무드

# 우화에서 배우다

**경험에서 배움**

사자, 나귀, 여우가 한패가 되어 사냥을 나섰다. 많은 사냥감을 잡고 난 뒤 사자는 나귀에게 그것을 잘라 세 몫으로 만들라고 했다. 나귀는 사자가 시키는 대로 나눠 놓고 사자에게 하나를 고르라고 말했다. 그러자 화가 난 사자는 나귀에게 덤벼들어 잡아먹고 말았다.

그러더니 여우에게 가르라고 했다. 여우는 사냥감 거의 모두를 한데 모아 놓고 변변치 않은 서너 점을 제 몫으로 남긴 채 사자에게 고르라고 했다. 이렇게 나눠 갖는 법을 누가 가르쳐 주었느냐고 사자가 물었다. "나귀에게 일어난 일이지요" 하고 여우는 대답했다.

남의 불행을 보고 사람들은 지혜를 배우는 법이다.

### 어부지리

무덥고 갈증 나게 하는 여름날 사자와 멧돼지가 물을 마시기 위해 조그만 샘가로 왔다. 그들은 누가 먼저 마실 것인가로 싸우기 시작하였고 죽어라 하고 격투를 하게 됐다. 숨을 돌리려고 잠시 쉬는 동안 그들은 주위를 둘러보고 누가 됐건 죽는 쪽을 먹어 치우려고 독수리들이 기다리고 있는 것을 보았다. 이 광경을 보고 그들은 싸움을 멈추었다. "독수리와 까마귀 밥이 되느니보다 친구 되는 것이 낫다."고 그들은 말했다.

싸움과 다툼은 좋지 않은 일로 지각 있게 화해를 않으면 당사자 모두에게 위험하게 된다.

### 생각을 다시 해보니

토끼들이 회의를 열어 삶의 불안과 공포를 슬퍼했다. 그들은 사람과 개와 독수리와 그 밖의 많은 동물의 밥이 되는 것을 이렇게 줄곧 공포와 떨림 속에서 사느니 죽는 것이 낫다고 말했다. 이렇게 작정을 하자 모두들 뛰어들어가 빠져 죽을 생각으로 웅덩이로 달려갔다.

웅덩이 주위에 몸을 감추고 있던 개구리들이 달리는 발소리를 듣자 물속으로 황급히 뛰어들었다. 그러자 꾀가 많은 토끼 한 마리가 말했다. "잠깐, 모두들 성급한 짓들을 말게. 우리보다도 더 공포에 시달리는 동물이 있으니 말일세."

자기들보다 더 어려운 처지에 있는 이들을 보면 위안을 받게 되는 것이다.

### 약속 이행

생쥐가 잠자는 사자의 몸뚱이 위로 달렸다. 사자가 잠을 깨면서 생쥐를 잡았고 그것을 먹어 치울 심산이었다. 살려만 준다면 보답하겠다고 약속하면서 생쥐가 놓아 주길 간청하자 사자는 웃으면서 놓아 주었다.

얼마 되지 않아 생쥐가 사자의 목숨을 구해 주게 되었다. 사자는 사냥꾼에게 잡혀 밧줄로 나무에 매인 몸이 되었던 것이다. 생쥐는 사자의 신음 소리를 듣고 그리로 달려가서 밧줄을 갉아서 사자를 풀어 주었다. 생쥐는 말했다.

"사자님 요전 날 날 비웃었지요? 내가 당신의 친절에 보답하리란 것을 기대하지 않았으니깐요. 이제 보잘것없는 생쥐조차도 고마움을 안다는 것을 보았지요?"

운명의 변천이란 때로 기운 센 사람도 약자의 도움을 필요로 하게 해준다.

### 선을 악으로

어느 겨울날 한 농부가 추위로 뻣뻣하게 얼어 버린 뱀을 보았다. 안쓰러운 생각에 뱀을 집어서 가슴팍에 넣었다. 그러자 훈기로 활기를 찾은 뱀은 타고난 천성으로 은인을 물어 버렸다. 치명적이었다. 죽어 가며 농부는 말했다.

"고약한 짐승을 측은히 여겼으니 당연하지."

아무리 고마운 친절도 악한 습성을 바꾸지 못한다는 것을 보여 준 것이며, 이를 일러 배은망덕이라 한다.

### 훈계보다 솔선수범

어미 게가 아들 게에게 옆으로 걷거나 젖은 돌에 옆구리를 비비지 말라고 했다.

"좋아요. 어머니." 하고 아들 게가 말했다.

"저에게 가르치려 하시니 어머니부터 똑바로 걸어 보세요. 잘 지켜보고 따를 테니까요."

남에게 충고하려는 사람들은 남에게 훈계하기 전에 똑바로 걷고 올바로 살아야 한다.

### 이기심이 받는 벌

말과 나귀가 주인과 함께 길을 가고 있었다. "내 목숨을 구해 주려면 내 짐을 나누어 져 주게." 하고 나귀가 말에게 말했다. 그러나 말은 마다하였다. 피로로 탈진한 나귀는 쓰러져 죽고 말았다. 그러자 주인은 짐 모두를 말에게 지웠다. 게다가 나귀의 가죽까지 얹었다. 말은 신음소리를 내면서 처량하게 탄식하였다.

"아! 내 자신을 이런 참담한 지경으로 빠뜨리다니! 가벼운 짐을 마다했는데 이제 이 꼴이 뭐람, 나귀 가죽이고 뭐고 온통 전부를 지고 가야 하다니"

강자가 약자를 도와주어야 한다는 것이 교훈이다. 그래야 모두가 산다는 것이다.

### 한 번 물리고 두 번 조심

어느 집에 생쥐들이 들끓었다. 이것을 안 고양이가 그리로 가서 하나하나 잡아먹었다. 계속되는 죽음 때문에 남아 있는 쥐들은 겁을 먹고 쥐구멍으로 들어갔다. 거기에서는 고양이가 잡을 수가 없었다. 그래서 고양이는 어떻게 해서든 쥐를 다시 밖으로 꾀어내겠다고 작정했다.

고양이는 벽으로 기어올라가 나무못에 매달린 채 죽은 척했다. 그러자 쥐 한 마리가 바깥을 엿보다 그를 보고 말했다.

"소용없어요. 죽은 시늉을 해도 당신 가까이엔 안 갈 테니까"

이 우화는 현명한 사람들에게 적용될 수 있다. 이들은 경험을 통해 배우고 적의 위장에 속지 않는다.

### 사자 가죽을 두른 나귀

나귀가 사자 가죽을 쓰고 다니면서 온갖 짐승들에게 겁을 주었다. 여우를 만난 나귀는 다른 짐승과 마찬가지로 겁을 주려 했다. 그러나 여우는 우연히 나귀가 내는 소리를 들었다.

"네가 우는 소리를 안 들었다면 나도 너를 무서워했을 게다." 하고 여우는 말했다.

허세를 부려 상당한 인물로 행세하려는 무지한 사람은 입을 다물고 있지 못하기 때문에 본색을 드러내는 경우가 흔하다.

### 분수를 알라

어떤 사람에게 몰티즈개(지중해 몰타섬 원산지 애완용 개)와 나귀가 있었다. 그는 이 개와 늘 같이 놀고 외식을 할 때면 무엇인가 먹을 것을 가져다주었다. 나귀는 주인에게 다가와서 아양을 떠는 이 개를 보며 시샘을 했다.

어느 날 나귀는 주인에게 달려와 그 옆에서 뛰어놀았다. 그 결과 주인은 나귀에게 차였고 이에 화가 치민 주인은 하인들에게 나귀를 매질해 몰고 가서 말뚝에 매어 두라고 일렀다. 자연은 우리 모두에게 동일한 힘을 준 것이 아니다. 어떤 사람들은 할 수 없는 것들이 있다.

— 이솝*

---

\* 이솝 Aesop  그리스 역사가인 헤로도투스에 따르면 이솝은 BC 5세기 전반에 살았으며 이야기꾼으로 유명했다. 사모스섬에서 노예가 되었다가 그의 학식과 재치를 높이 산 주인이 해방시켜 주어 자유민이 되었으며 그를 시기한 텔피의 사제들이 씌운 누명으로 절벽에서 떨어져 죽음을 당했다. 이솝에 대해서는 그 이상 알려진 것이 없으며 따라서 어느 우화가 정확히 그의 작품인지도 규명할 수 없다. 다만 중요한 것은, 그토록 재미있고 도덕적이며 풍자적인 이야기가 우리 곁에 있다는 사실이다.

제7부

# 사랑의 속성

예수 | 사랑의 속성 | 종교 |
부처 | 종교 개혁 | 이슬람과 알라 |
탈레반이 승리하다 | 단박에 깨치다 |
철학자들이 본 자기 존재와 세계 | 좋은 습관 10가지

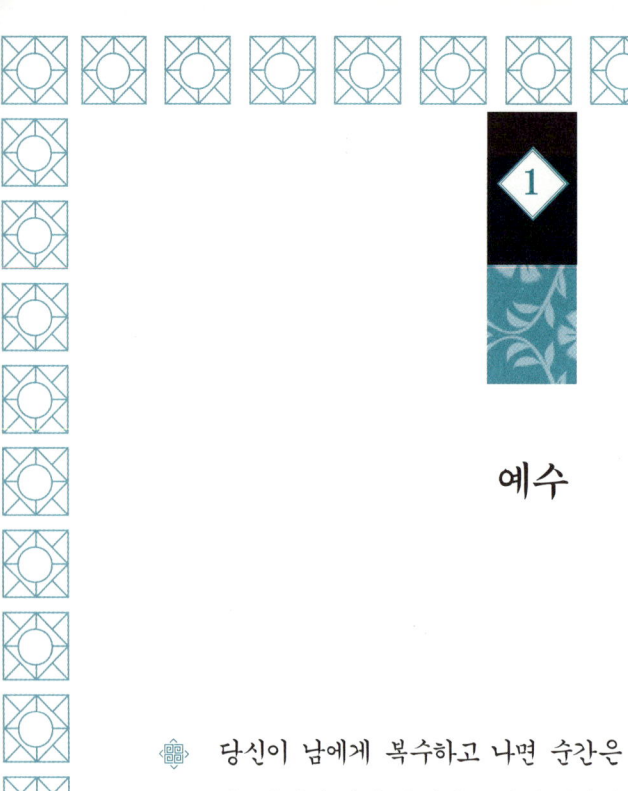

# 예수

🔹 당신이 남에게 복수하고 나면 순간은 좋은 심정이 될지 모르지만, 당신이 남을 용서하고 나면 영원히 기쁜 심정이 될 것이다.

— 탈무드

🔹 사랑은 오래 참고 사랑은 온유하며 시기하지 아니하며
사랑은 자랑하지 아니하며 교만하지 아니하며
무례히 행하지 아니하며 자기의 유익을 추구하지 아니하며
성내지 아니하며 악한 것을 생각하지 아니하며 성내지 아니하며
불의를 기뻐하지 아니하며 진리와 함께 기뻐하고
모든 것을 참으며 모든 것을 믿으며 모든 것을 바라며
모든 것을 견디느니라.

— 성경〈고린도전서 13장〉

예수는 예수교의 개조로 2천 년 전 유대국 나사렛 촌락에서 태어났다. 이스라엘에 새로운 왕이 태어났다는 동방박사의 말을 듣고 로마의 헤롯왕은 두 살 이하의 모든 사내아이를 죽이라는 명령을 내렸다. 그런 헤롯왕의 온갖 나쁜 행동을 피해 아버지 요셉과 어머니 마리아(동정녀)의 보호 속에서 성장한 예수는 30세 때 요단강가에서 요한에게 세례를 받고 열두 제자와 함께 복음과 사랑을 전하고 다니며 많은 기적을 보여줬다.

이 시기의 이스라엘 민족은 거대 제국으로 성장한 로마의 지배 아래 있었는데, 이때의 로마는 지중해를 바탕으로 세계에 패권을 행사하는 제국으로서 현새의 미국의 영향력에 버금가는 국가였다. 반면 이스라엘은 정치적으로는 로마 제국의 통치를 받았고, 문화적으로는 신과의 계약인 율법을 중시하는 유대교의 문화권을 독자적으로 형성하고 있었다 쉽게 말해서 이스라엘은 로마의 식민지였고, 유대교는 이스라엘 민족의 민족 종교였다. 그리고 예수는 이러한 식민지 이스라엘에서 탄생했다.

예수와 그의 제자들은 유대교의 유일신의 뜻에 따라 예수 그리스도의 가르침인 복음을 전파하러 이스라엘 지역을 떠돌았다. 그런데 예수의 가르침은 당시 유대교의 신학자들이었던 율법학자들의 율법 이해와 충돌했다. 왜냐하면 예수는 형식화된 율법에 구애받지 않고 행동했기 때문이다. 그래서 예수에 대한 이스라엘 민족의 판단은 인정과 거부의 양극단으로 나뉘었다.

그러던 중 예수는 반대자들의 고소와 제자 중 한 명이었던 유다의 변절로 잡혀갔고 로마의 유대 지역 집정관인 본디오 빌라도 앞에 서게 되었다.

앞서 말했듯 이 시기 이스라엘은 로마의 식민지였기에 치안 유지는 로마가 하고 있었다. 쉽게 비유하면 로마는 일제강점기의 일본, 이스라엘은 식민지 조선, 본디오 빌라도는 이토 히로부미 정도 되겠다.

어쨌거나 빌라도 앞에 끌려온 예수는 풀려날 수 있는 기회를 얻는다. 유대 민족의 풍습 중에 과월절이 있는데 이날에는 죄수 중 한 명을 풀어 주는 풍습이 있었다. 고소가 접수되어서 잡아오기는 했지만, 빌라도는 예수의 남다른 포즈를 보고 처형하기가 껄끄러웠다. 중동 지역에 살고 있는 데도 북부 유럽인처럼 하얀 피부 하며, 길고 부드러운 갈색 머리에 파란 눈동자까지, 게다가 머리 뒤에는 후광도 있다.

사실 우리가 지금 상상하는 예수의 이미지는 중세 회화의 영향이 큰데, 중세 회화에서 예수가 북부 유럽인의 형상을 하고 있는 것은 그리스도교가 유럽 지역에서 인정받았기 때문이다.

빌라도는 남다른 포즈의 예수와 강도 바라바를 두고 유대인들이 선택하게 했다. 유대인들이 원하는 한 명을 살려주겠다는 것이었다. 유대인들은 바라바의 석방을 선택했다. 그것은 당시의 사회적 상황으로 볼 때 어쩌면 적절한 선택이었을지 모른다. 왜냐하면 바라바는 이스라엘 민족을 통치하는 로마에 저항해서 폭동을 주도했던 사람이었기 때문이다. 말하자면 유대인들에게 바라바는 독립

운동가였다. 유대인들에게는 정체가 불분명한 예수보다는 현실적으로 민족을 대변하는 바라바가 더 필요해 보였을 것이다. 결국 잘 알려진 대로 예수는 십자가 처형을 선고받고 골고다 언덕에서 생을 마감했다가 사흘 만에 부활하여 흩어진 제자들을 모아 초기 그리스도교의 기반을 닦게 했다. 이후 그리스도교는 로마의 박해를 받으며, 지하 무덤이면서 동굴인 카타콤에서 비밀스럽게 예배를 이어 갔다.

하지만 로마의 박해를 받던 그리스도교의 역사에는 반전의 기다리고 있었다. 로마의 황제 콘스탄티누스는 박해의 대상이었던 그리스도교를 사실상 로마의 국교로 정립했다. 생각해 보면 이것은 쉽지 않은 일이다. 왜냐하면 마치 일본이 조선을 침략해서는 식민지 민족의 종교인 무속신앙을 일본의 국교로 인정한 것과 다를 바 없는 조치이기 때문이다.

어쨌거나 이스라엘 민족에게서 발생한 그리스도교는 세계적 제국인 로마의 국교가 되면서 유럽 전체로 그 영향력을 뻗어 나갔고 아시아, 아프리카, 세계 곳곳으로 전파된 것이다. 예수의 탄생을 축하하는 날이 크리스마스이며 기독교에서 말하는 사랑은 바로 예수의 죽음에서 비롯된 것이다

> 그대의 원수를 위하여 풀무를 너무 뜨겁게 달구어서 오히려 그대가 그을리는 일이 없도록 하라. ― 셰익스피어

빵 한 개를 훔쳤다가 19년간 옥살이를 한 장발장은 탈옥을 3번이나 하는 바람에 형이 가중되어 더 긴 감옥생활을 하고 나왔는데 사람들은 위로는커녕 전과자라는 낙인이 찍혀 냉정하게 대했다.

어느 날 장발장이 교회에 갔는데 신부는 장발장에 대해 다 알고 있었다. 신부는 장발장에게 식사를 대접했다. 장발장은 훔치는 버릇이 있어 나올 때 식기 하나를 훔쳐 나오다 헌병에게 잡혔다. 신부는 이렇게 말했다. "식기는 내가 준 것입니다. 그런데 내가 준 옷과 촛대는 왜 안 가져갔습니까?"

장발장은 신부의 말에 감동을 받고 다시 인생을 태어나 살게 됐다.

그런가 하면 제2차 세계대전의 원흉인 히틀러의 심복은 유태인을 600만 명을 죽였는데 그의 이름은 아이히만이다. 1968년에 아이히만을 체포하여 심판했으며 사형에 처하는 판결을 받았다. 법정에 모인 사람들은 당연하다는 듯 아무도 말을 하지 않았다. 그런데 사형을 반대하며 그를 석방하라고 외치는 사람이 하나 있었다. 그는 유태인 플란즈라는 사람이었는데 이제부터라도 참사랑을 심어가야 하지 않느냐며 누군가는 먼저 용서를 해야 되지 않겠냐는 뜻에서 시위를 했다. 서방이나 다른 나라 사람이었다면 보고 듣고 그냥 지나가 버렸을 텐데 피해를 당한 유태인 사람 당사자라는데 더욱 놀라운 일로 큰 화제가 됐다. 그래서일까? 유태인들은 독일인들에게 원한이나 감정이 없다.

## 사랑은 줄수록 아름답다

사랑은 줄수록 더 아름다운 것입니다. 받고 싶은 마음 또한 간절하지만 사랑은 줄수록 내 눈빛이 더욱 빛나 보이는 것입니다. 한없이 주고 싶은 사람이 있다는 것, 하염없이 바라보고 싶은 사람이 있다는 것, 시리도록 기다리게 되는 사람이 있다는 것, 그건 주는 사람만이 누릴 수 있는 특권이며 내가 살아 있다는 증거이기도 합니다.

무언가 주고 싶은 사람이 있다는 건 내가 해야 할 일이 생기는 것이고 끝없이 바라보고 싶은 사람이 있다는 건 내가 일어나 웃어야 할 일이 생기는 것이고 변함없이 기다리는 사람이 있다는 건 내가 다시 내일을 살아야 하는 이유가 생기는 것입니다. 그래서 사랑은 받는 것이 아니라 주는 것이라 했습니다.

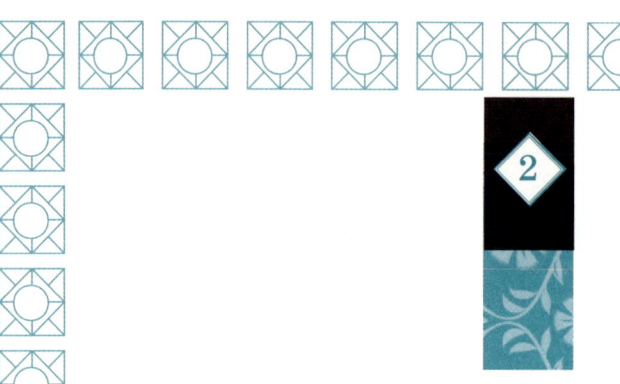

## 사랑의 속성屬性

   사랑은 인간적人間的 사랑과 이성적異性的 사랑이 있다. 인간적 사랑이란 조건 없이 베풀고 이롭게 하며 희생함이요, 시작도 끝도 없고 부모가 못나고 불쌍한 자식에게 애착이 더 가듯 그런 사랑, 즉 어머니 같은 사랑이 인간적 사랑이다.

   이 인간적 사랑에는 조건도, 가식도, 추함도 없으며 속박도, 원망도, 질투와 배신과 시간과 장소까지도 있을 수 없는 것이다. 그러나 이성적異性的 사랑은 인간적 사랑보다 복잡하고 좋으면서도 나쁜 점들이 너무 많다.

   그 이성적 사랑의 대표적인 사랑이 죽어도 같이 죽고 살아도 같이 살자는 '로미오와 줄리엣'의 사랑이며 당신 아니면 누구도 사랑할 수 없다는 '춘향이와 이몽룡'의 사랑인 것이다. 우리는 오늘 사랑한다고 내일도 사랑하리라고는 아무도 단언할 수 없는 것이다.

지드의 '전원교향곡'에서 아내가 있는 사람을 사랑했던 장님 소녀는 시력을 얻고 현실을 알고 난 후 이런 말을 하고 자살한다. "당신의 덕택으로 시력이 주어졌을 때 눈앞에 열린 세계는 제가 상상했던 것보다 훨씬 아름다웠어요. 정말로 햇빛이 이렇게 밝고 바람이 이처럼 깨끗하고, 하늘이 이처럼 넓은 줄은 꿈에도 몰랐어요. 당신 집에 가서 아주머니의 야윈 얼굴에 어딘지 모르게 슬픈 기색을 보았을 때 우선 제가 느낀 것은 우리들이 저지른 불장난이었어요. 사랑도 함부로 할 것이 아니라 조심해야 하나 봐요."

맹목적 사랑이나 불장난 같은 사랑은 수없이 많다. 우리들 자신이 스스로 사랑이라 믿고 있으면서도 따지고 보면 이성적·이기적 사랑에 더 가까운 것인지도 모른다. 상대방의 인격이나 감정을 생각하지 않고 모든 것을 자기에게 묶어 두려고 하는 경우가 그것이므로 상대의 진정한 자유를 죽여 버리는 경우이다.

순수하고 아름다운 사랑이 따지고 보면 시간이 지날수록 에고이즘으로 변형되어 버린 경우가 많다. 부모가 자식에게 바라는 꿈속에는 부모의 에고이즘이 얼마나 많이 들어 있는가? 그러나 부모의 에고이즘은 자식이 잘되라고 하는 것으로 단적으로 평할 수는 없지만···.

남편이 아내에게 구하는 사랑, 아내가 남편에게 구하는 사랑에도 때로는 에고이즘이 존재하고 있다. 사랑은 고귀하고 숭고한 것이지만 경우에 따라서는 독초와 같고 비수와 같다. 사랑의 에고이슴을 경계해야 하며 사랑의 노예가 되어서는 안 된다.

이성 간의 사랑이나 자식의 부모에 대한 사랑 중에 희생이 따르는 고귀한 사랑이 없는 것은 아니지만 부모와 자식 간에는 내리사랑이지 치사랑은 없다. 그것은 존경이요 지극한 효孝인 것이다.

이성 간의 사랑은 대개 조건이 따르는 사랑이다. 그래서 애증愛憎 관계라고 표현하는 것이다. 조건이 충족되지 않으면 증오의 관계로 돌변하는 것이 이성 간의 사랑이다. 이성 간의 사랑에는 주려고 하는 마음보다 받으려고 하는 마음이 더 큰 경우가 대부분이다. 그렇지만 부모의 사랑은 다르다. 머리가 허옇게 센 자식을 보고도 부모는 또 조심하고 잘 다녀오라는 인사를 한다. 사랑 '愛'자를 파자하면 어른이 아이를 손爪으로 감싸 심장心 사이에 있는 품안에 안은 모양에서 '사랑하다, 친하다, 아끼다'의 뜻을 갖는다.

　네 이웃을 네 몸같이 사랑하라.　　　— 레위기〈19:17~18〉

이 구절처럼 모든 사람들이 실천한다면 세상은 평화롭고 낙원으로 변할 것이다. 물론 전쟁도 없고 원수도 없고 도둑과 경찰도 필요 없고 때문에 법과 감옥도 없는 세상이 될 것이다.

### 사랑하고 또 사랑하라

십 년이 넘은 것 같다. BTN 방송을 시청하는데 낯익은 스님 한 분이 참 재미있게 강의하고 있었다. 사랑에 대하여 수학적으로 정답을 알려 주는, 쉽기도 하고 어렵기도 하지만 틀림없는 명언이기도 한 말이다. 혹 잊기라도 할까?

따라 적었던 내용이 아래와 같다.

4 + 4 = 8  ※ 사랑하고 사랑하니 팔자가 바뀌더라.

모든 사람을, 모든 이웃을, 모든 친구와 모든 선후배와, 모든 이방인과, 모든 장애인과, 모든 노인과, 모든 불쌍한 사람들을 사랑하고 또 사랑했더니 내 팔자가 바뀌더라.

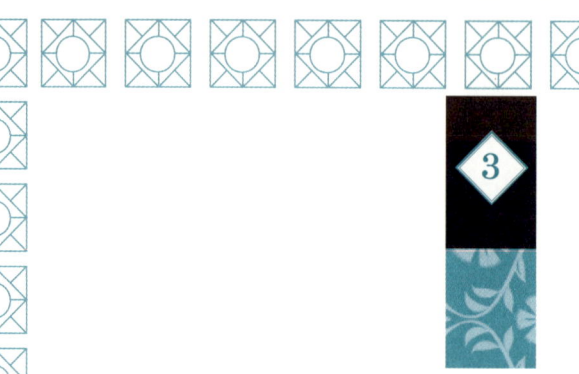

# 종교

중세를 지배하던 지배적 관념 체계는 종교였다. 중세 사회에서 종교는 정치와 교육과 학문과 윤리 등에 규범을 투여하며 막대한 영향력을 행사하였다. 그러나 근대로 오면서 종교는 심각한 도전에 직면하고 있다. 과학의 눈부신 발달과 이성적 사고의 보편화 및 경제적 풍요는 종교의 위상에 큰 변화를 주었다. 현대에 와서 종교는 그 영향력의 측면에서 전통 사회와는 비교할 수 없게 줄어 들었지만, 그러나 여전히 인간 삶에 있어서 종교가 차지하는 비중은 간과할 수 없다. 현대에는 동서의 종교가 서로 상대 지역으로 전파되는가 하면 새로운 종교가 발생하기도 하고 때로는 사이비 종교가 사회적 물의를 일으키기도 한다. 또한, 많은 사상가는 종교는 사회적 응집력을 유지하기 위한 인위적인 제도에 불과하다고 주장하였고, 심리학자인 지그문트 프로이트, 인류학자인 마거릿 미드 등과 같은 다양한 학문 분야의 권위자는 한목소리로 말한다.

종교란 신이나 어떤 초월적인 절대자를 인정하여 일정한 양식 아래 그것을 믿고 숭배하고 신앙하는 정신 문화의 한 체계를 뜻한다.

나아가 종교는 국가나 군중 단체를 이끌거나 현존하는 사회 질서 존재를 정당화하는 관념과 사고방식을 갖게 하는 이데올로기라고 정의할 수 있다. 16세기에 루터, 칼뱅 등이 로마 가톨릭교회의 폐해를 비판하고 이의 개혁을 주장하면서 프로테스탄트 교회를 세우는 데 발판이 되었으며 종교 개혁 후 종교 간 전쟁은 특히 유럽에서 구교도와 신교도 사이에 행하여진 학살과 암살이 따른 결렬한 전쟁으로 십자군, 기사 전쟁, 네덜란드 독립 전쟁, 위그노 전쟁 등 30년 동안의 싸움으로 수많은 사람이 죽었다.

16세기 17세기에 더욱 격렬해져서 가톨릭교도와 개신교 교도는 수십만 명이나 살해되었다. 1572년 8월 24일 선행을 강조하는 프랑스 가톨릭교도들은 하느님의 인간 사랑을 강조하는 프랑스 개신교 공동체를 공격했다. 성 바르톨메오 축일의 대학살로 불리는 이 공격에서 5천~1만 명의 개신교도가 살해되는 데는 채 하루가 걸리지 않았다. 로마 교황은 프랑스에서 전해진 그 소식을 듣자 기뻐하며 이 사건을 기념하기 위한 축하 기도회를 조직하고 조르조 바사리에게 명하여 바티칸의 방 하나를 대학살의 프로스코로 장식하게 했다.(이 방은 현재 방문객 출입이 금지되어 있다.) 이 하루 동안 기독교인이 살해한 기독교인은 다신교를 믿는 로마 제국이 제국의 존속 기간을 통틀어 개종할 때까지 살해한 기독교인이 몇천 명을 넘지 않는 것을 감안하면 실로 엄청난 숫자이다.

우리나라도 조선 26대 고종 3년 1866년에 대원군에 의한 천주교 박해 사건인 병인사옥丙寅邪獄이 일어났다. 서양 학문 배척과 함께 천주교 신자인 남종삼, 홍주봉, 김대건 등과 프랑스 선교사 베르네 등을 죽이고 8도에 영을 내려 교도를 학살하고 이로 인해 병인양요 丙寅洋擾가 일어났다.

기독교의 성공은 7세기 아라비아 반도에서 출현한 또다른 일신 교의 모델이 되었으며 이슬람도 기독교와 마찬가지로 놀라운 업적 을 이룩했다. 아라비아 사막을 벗어나 대서양에서 인도에 이르는 어마어마한 제국을 정복하기에 이른다. 이 시기를 기점으로 일신교 (유일신) 사상은 세계사에서 중심적 역할을 하게 되었다. 일신론자 들은 다신론자들에 비해 훨씬 더 광신적이었고 전도에 헌신하는 경 향이 있다.

한국 선교사들도 여러 나라에서 전도 활동에 참여하고 있다. 기 원전 1000년 전부터 고대 불교나 자이나교, 도교, 유교, 지중해 분 지의 스토아 철학, 경유 철학, 에피쿠로스주의와 같은 종교의 특징 은 신을 섬기지 않는다는 것이다.

신에 대한 믿음은 이들에게 그리 중요하지 않다. 일신론적 종교 의 제일 원리는 "신은 존재한다. 그분은 나에게 무엇을 원하시는 가?"인 반면 불교의 제일 원리는 "번뇌는 존재한다. 나는 거기서 어 떻게 벗어날 수 있는가?"이다.

불교는 신들의 존재를 부인하지 않는다. 신들은 승리를 가져다 줄 수 있는 강력한 존재로 묘사한다.

하지만 이 신들은 집착에서 고통이 일어난다는 법칙에 아무 영향도 주지 못한다.

만일 어떤 사람이 모든 집착에서 해방되었다면 어떤 신도 그를 불행하게 만들지 못한다. 반대로 일단 어떤 사람의 마음에서 집착이 일어나면, 우주의 어떤 신도 그를 번뇌에서 구해 주지 못한다.

불교는 사람들에게 경제적 풍요나 정치 권력 따위가 아니라 번뇌로부터의 완전한 해방이라는 궁극의 목표를 지향해야 한다고 가르쳤지만 불교도의 99%는 열반에 도달하지 못했고 설령 언젠가 내세에서 열반을 이루기를 원했다 할지라도 현세의 삶 대부분은 세속적 성취를 추구하는 데 바쳤다.

이들의 신조에 따르면 세상을 지배하는 초인적 질서는 신의 의지와 변덕이 아니라 자연 법칙의 소산이다. 이런 자연 법칙의 종교들 중 일부는 여전히 신의 존재를 믿었지만 신들도 인간이나 동식물 못지않게 자연 법칙의 지배를 받는 존재라고 보았다. 특히 불교는 무엇보다 목숨 자체를 중요시하는 자비 정신이 강한 이유도 있겠지만 신이나 종교 때문에 전쟁을 하고 하물며 다신교들은 자신들이 갖고 있는 신앙을 서로 존중하고 배반하지 않는다. 한마디로 포용하고 이해하기 때문에 싸울 필요가 없다.

걸핏하면 종교 분쟁으로 피비린내 나는 전쟁을 했고 지금도 멈추지 않고 있는 일신교도인 기독교는 몇 세기 만에 세계의 신자 수가 23억(가톨릭+개신교)명이나 되고 무슬림은 19억 명이나 된다.

오늘날 일신교와 이신교, 다신교, 무신교를 믿는 나라와 종족들이 세계 곳곳에 존재하고 있으며 일부는 사라지기도 하고 또 새로운 종교가 생겨나곤 한다. 다신교는 일신교만 낳은 것이 아니라 이신교도 낳았다. 이신교는 서로 반대되는 두 힘의 존재 즉 선과 악을 믿는다.

일신교와 달리 이신교에서 악은 독립적인 힘이다. 선한 신에 의해 창조된 것도 그 신에 종속된 것도 아니다. 이신교는 온 세상을 이들 두 힘의 전쟁터로 본다. 세상에서 일어나는 모든 일은 그 싸움의 일부라는 것이다. 이신교는 이른바 악의 문제에 간명한 해답을 주기 때문에 매우 매력적인 관심사 중 하나다. "세상에 왜 악이 존재할까?" 일신론자들은 물음에 대답하려면 지적인 곡예를 부려야만 했다. 전지전능하며 완벽하게 선한 하느님이 세상에 이토록 많은 고통을 허락하는 이유는 대체 무엇이란 말인가? 널리 알려진 설명에 따르면 이것은 인간에게 자유 의지를 허락하는 신의 방식이라고 했다. 악이 없다면 인간은 선과 악 사이에서 선택할 필요가 없으므로 자유 의지도 없다는 것이다. 하지만 이것은 직관에 반하는 답으로서 즉각 수많은 새로운 의문을 낳는다.

자유 의지는 인간에게 악을 선택하도록 허락한다. 많은 사람이 실제로 악을 택하며 일신교의 정통성 설명에 따르면 이런 선택은 반드시 신의 벌을 부른다. 그러나 만일 그 인물이 자유 의지로써 악을 선택하고 그 결과로 지옥에서 영원한 고통을 받게 된다는 것을 신이 먼저 알았다면, 신은 왜 그를 창조했을까?

신학자들은 이런 질문에 답하기 위해 수없이 많은 책을 썼다. 이런 답이 믿을 만하다고 생각한 사람도 있었고 그렇지 않다고 보는 사람도 있었다. 아무튼 부인할 수 없는 사실은 일신론자들이 악의 문제에 쩔쩔매고 있다는 것이다. 이신론자들에게는 악을 설명하기가 쉽다. 착한 사람들에게 나쁜 일이 일어나는 것은 세상이 전지전능하고 완벽하게 선한 신에 의해서만 통치되고 있지 않기 때문이다. 세상에는 독립된 악의 힘이 돌아다니고, 악의 힘은 나쁜 일을 저지른다. 이신론자의 견해에는 나름의 단점이 있다. 악의 문제를 풀어 주기는 하지만 질서의 문제 앞에서 당황하게 된다. 만일 세상을 유일신이 창조했다면 세상이 이토록 질서가 잘 잡히고 모든 것이 동일한 법칙을 따르는 현실이 분명하게 설명이 된다. 그러나 만일 세상에 두 대립되는 힘인 선과 악이 있다면 둘 사이의 싸움을 관장하는 법칙을 정한 존재는 누구인가? 두 나라가 싸울 수 있는 것은 둘 다 똑같은 물리법칙의 지배를 받기 때문이다. 파키스탄에서 발사된 미사일이 인도의 목표물에 명중할 수 있는 것은 양국에서 동일한 물리 법칙이 적용되기 때문이다. 만일 선과 악이 싸운다면 이들이 따르는 공통의 법칙은 무엇이며 그 법칙은 누가 정했는가? 요약하면 일신론은 질서를 설명하지만 악 앞에서 쩔쩔맨다. 이신론은 악을 설명지만 질서 앞에서 당황한다. 이 수수께끼를 해결하는 논리적 방법이 하나 있다.

온 우주를 창조한 평등한 유일신이 있는데 그 신이 악한 신이라고 주장하는 것이다. 하지만 그런 신앙을 가질 배짱이 있는 사람은 역사상 아무도 없었다. 이신교는 1천 년 이상 번성했다.

기원전 1300년에서 기원전 1000년 사이의 시기에 조로아스터교의 창시자인 자라투스트라란 이름의 예언자가 중아시아의 어느 지역에서 활동했다. 그의 교리는 세대에서 세대로 전해져 마침내 가장 중요한 이신교인 조로아스터교가 되었다. 그 신봉자들은 세상을 선신인 아후라 마즈다와 악신인 앙라마이뉴 사이의 우주적 싸움터로 보았다.

인간은 이 전쟁에서 선신을 도와야만 했다. 조로아스터교는 고대 페르시아 아케메네스 제국(기원전 550~350)에서 중요한 종교였고, 나중에는 사산제국(기원후 224~651)의 공식 종교가 되었다. 이후 중동과 중아시아에서 발흥한 거의 모든 종교에 중요한 영향을 미쳤으며 그노시스파와 마니교 등 여러 이신교에 영감을 불어넣었다.

마니교는 기원후 3~4세기 동안 중국에서 북아프리카로 퍼졌으며 잠시 로마 제국에서 기독교를 누르고 지배적인 종교가 될 것으로 예상된 적도 있었다. 하지만 마니교도들은 로마의 영혼을 기독교도들에게 빼앗겼고, 조로아스터교를 신봉한 사산제국은 일신교를 믿는 무슬림들에게 무너졌다. 이렇게 해서 이신교의 파도는 잦아들었다.

오늘날 이신론을 믿는 공동체는 인도와 중동에 보잘것없이 남아있을 뿐이다. 그렇지만 일신교의 물결이 정말로 이신교를 싹 쓸어낸 것은 아니었다. 일신교인 유대교, 이슬람교는 이신교에서 수많은 신앙과 관례를 흡수했으며 오늘날 우리가 '일신교'라고 부르는 것의 가장 기본적 사상 일부는 사실 그 기원이나 정신이 이신교적이다.

수없이 많은 기독교인, 무슬림, 유대교인이 강력한 악의 힘이 존재한다고 믿는다. 기독교인이 악마로 부르는 것이 그런 존재다. 이 존재는 선한 신에 대항해 독자적으로 싸울 수 있고 신의 허락 없이 파괴를 불러올 수 있다.

일신론자가 어떻게 그런 이신론적 신념을 품을 수 있을까? 말이 나왔으니 말인데 이것은 구약에서는 어디서도 찾아볼 수 없는 내용이다. 논리적으로는 설명이 불가능하다. 전지전능한 유일신을 믿거나 둘 다 전능하지는 않은 서로 대립되는 힘을 믿거나 할 수 있을 뿐이다. 하지만 인간에게는 모순을 믿는 놀라운 능력이 있다. 그러므로 수백만 명의 경건한 기독교인, 무슬림, 유대교인이 전능한 신과 독립적인 악마를 둘 다 동시에 믿는다고 해도 놀랄 필요는 없다. 수없이 많은 기독교인, 무슬림, 유대교인은 심지어 선한 신이 악과 싸울 때 우리의 도움이 필요하다고 상상하는 데까지 나아갔다.

이런 상상은 여러 가지를 고취시켰는데 이 중에는 지하드와 십자군을 일으켜야 한다는 요구도 포함된다. 사실 일신론은 역사에서 나타났듯이 일신론과 이신론, 다신론, 애니미즘 유산이 하나의 신성한 우산 밑에 뒤섞여 있는 만화경이다. 보통 기독교인은 일신론의 하나님만이 아니라 이신론적 악마, 다신론적 성자, 애니미즘적 유령을 모두 믿는다.

종교학자들은 이처럼 서로 다르고 심지어 상충하는 사상을 동시에 인정하는 행위와 각기 다른 원천에서 가져온 의례와 관례를 혼합하는 행위에 대한 명칭으로 제설諸說 혼합주의를 썼다.

실제로 제설 혼합주의야말로 단 하나의 위대한 세계 종교일지 모른다. 또한, 수만 년 전 수렵 채집인이었던 인류가 오늘날의 사회를 이루었고 발전을 거듭하고 있는데 앞으로 100년 후, 500년 후의 세상은 어떤 모습으로 변할까?

종교는, 과학은, 생태계는, 기후, 코로나21 같은 전염병 등 더 나아가 인류가 지구상에서 언제까지 존재할지 아무도 모른다.

* **일신교**

최고의 신, 하나의 신(유일신)을 주장한다.
〈예〉 개신교와 천주교의 기독교, 이슬람교, 유대교

* **이신교**

선한 신과 악한 신이 있다고 믿는 종교
〈예〉 힌두교

* **다신교**

해의 신(태양신), 달의 신 등 많은 신 또는 정령, 영혼 등을 숭배한다.
〈예〉 산신, 해신, 불의 신, 곡신, 목신, 지신

* **무신교**

〈예〉 불교, 유교, 도교, 자이나교

# 부처

'부처'는 대도를 이루어 깨달은 사람을 일컫는 말이다.

고타마싯다르타.

아리아족의 찰제리종에 속하는 고대 인도의 한 종족으로 정반왕의 아들로 태어났다. 불교의 개조 사성四聖의 한 사람으로 석가족의 수도인 카필라에서 정반왕은 바른 정치를 하면서 덕망이 높았다. 왕의 성씨는 고타마로서 왕비 마야부인을 맞아 20년 동안 자식이 없다가 태자를 얻었다. 이날이 4월 8일이며 왕은 몹시 기뻤고 모든 소원이 성취되었다는 뜻으로 태자의 이름을 싯다르타라고 지었다. 태자를 낳은 지 7일 만에 어머니가 죽자 마야 부인의 동생인 마하프라자파티가 맡아 길렀다.

일곱 살 때부터 학문을 배웠고 19세가 되자 태자의 외삼촌인 대바하성의 성주 수프라붓다이 딸 아소다라를 맞이하여 태자비로 삼았다. 태자의 나이 29세가 되던 해에 아들 라훌라가 태어났다.

태자는 드디어 궁전을 빠져나와 출가하여 깨달음을 얻기 위해 6년 동안 혹독한 수행을 시작한 지 서른다섯 살이 되는 음력 12월 8일 마침내 부처가 되어 포교 활동을 시작하자 사리불, 목련 같은 이름 높은 제자를 비롯하여 2천여 명의 제자들이 세존을 받들고 귀의하였다.

출가를 막으려 했던 아버지, 양모, 부인 야소다라를 위시한 석가족의 사람들도 모두 세존의 제자가 되었다. 이리하여 45년 동안 포교를 계속하다가 80세를 맞아 사위성으로 가던 중 바이살리에서 병을 얻자 3개월 후에 열반에 들겠다고 예언했다.

마지막 열반에 드는 순간까지 설법을 하고 평안히 열반에 들었다. 이때 마가다국의 왕 아자타사트루를 비롯한 7개국의 왕들이 모여 다투어 세존의 유골을 분배해 달라고 간청했다.

그러나 쿠시나가라왕이 거절하여 분쟁이 일어났다. 마침 현자 도로나의 조언으로 마무리되어 사리 유골을 8개국에 고루 분배하고, 화장한 재와 항아리는 다른 두 왕에게 분배됐다. 이것은 각기 그 나라에 봉안되고 부처를 기리는 열 군데의 큰 탑이 세워지게 되었다.

불교를 믿으며 계율을 지키면서 수행하며 본인이 부처가 된다는 것은 참으로 어렵고도 아무나 할 수 있는 것이 아니다.

아놀드 토인비는 "최고의 구원은 불교밖에 없다."라고 했고 아인슈타인은 "불교만이 과학과 딱 맞는 종교이다."라고 했듯이 과거, 현재, 미래까지도 그의 주장은 설득력이 있을 것이다.

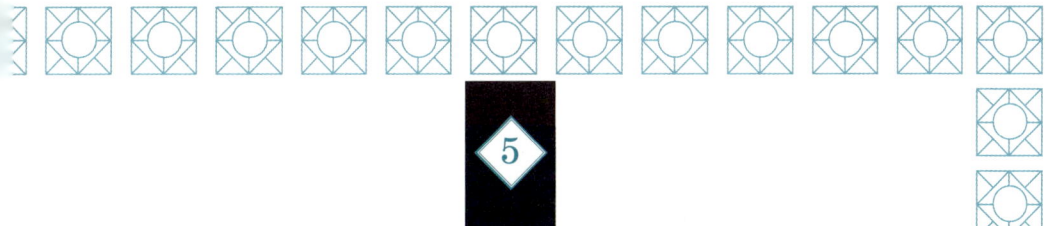

## 종교 개혁

예배 시작을 알리는 음악이 울리자 붉은 옷을 입은 대주교가 걸어 나왔다.

"신도 여러분, 하느님은 인자한 분이십니다. 세상에 있는 그의 대표 교황은 여러분의 죄를 면하게 해주기 위해 나를 여기로 보냈습니다. 누구를 막론하고 어떤 죄를 지었던 간에 교황이 내주는 면죄부(천당으로 가는 티켓)를 사기만 하면 하느님은 그의 모든 죄를 면죄해 주십니다."라고 하자 한 신도가 의심스럽다는 듯 물었다.

"그렇다면 살인범이나 강탈범 혹은 부모 형제를 계획적으로 죽인 범죄자도 금화로 면죄부를 사기만 하면 그 영혼이 천당으로 올라갈 수 있단 말입니까?"

"물론입니다. 하느님은 제일 인자한 분으로 살인범, 강탈범, 부모 형제를 계획적으로 죽인 범죄자 등 아무리 큰 죄를 지은 사람이라도 용서받을 수 있습니다. 교황은 이렇게 정했습니다. 살인범은 금화 7원, 예배당 강탈범은 금화 9원, 부모 형제를 죽인 자는 금화 4원이면 면죄될 수 있습니다. 자, 어서들 면죄부를 살 금화를 이 궤 속에 넣으십시오. '쩔렁' 소리와 함께 그의 영혼이 천당으로 올라갈 것입니다."

코미디 같은 이 일은 1517년 독일에서 실제로 있었던 일이다. 이는 로마 교황 레오 10세가 성베드로 성당을 다시 짓기 위한 비용을 마련하기 위해서였다.

그해 10월 3일 비텐베르크 대학의 교회문에 교회의 이 같은 착취 행위를 비난하는 '96개조 반박문'이 나붙었다.

"… 제28조, 금화가 돈 궤 속에 "쩔렁" 하고 떨어질 때 그에 따라 늘어나는 것은 오직 이기심과 탐욕뿐이다….".

"제89조, 교황은 면죄부로 사람의 영혼을 구하는 것이 아니라 돈을 구하는 것이다….".

34세의 신학 교수이자 사제인 마틴 루터가 쓴 이 한 장의 반박문이 이른바 종교 개혁의 실마리가 되었다. 교황은 루터에게 파문(교단이나 종파로부터 추방하는 일)이란 엄한 벌을 내렸다. 그러나 루터는 교황의 파문장을 대중들 앞에서 불살라 버렸다. 이때부터 루터는 독일 종교 개혁의 우두머리가 되었고 루터를 지지하는 교파를 로마 교황의 가톨릭과 구별하여 '신교(프로테스탄트교)'라고 하였다.

그 뒤 독일은 신교도와 구교도 가톨릭교도 사이에 전쟁까지 치른 끝에 1555년 신앙의 자유를 인정받았다. 스위스에서는 츠빙글리가 종교 개혁을 일으켰으나, 구교도와의 싸움에서 죽었다.

그 후 프랑스 사람 장 칼뱅이 종교 개혁에 성공하여 신교도의 교황이라는 칭호까지 들었다. 칼뱅의 종교 개혁 운동은 다른 나라에도 전파되어 네덜란드의 고이센파, 영국의 청도교파, 스코틀랜드의 장로파, 프랑스의 위그노파 등을 탄생시켰다. 신교의 세력이 커지자 구교 쪽에서도 세력을 되찾기 위해 개혁을 일으켰는데 이를 '반종교 개혁'이라고 한다. 구교도들은 종교 회의를 소집하여 교황의 권위를 재확인하면서 성직자와 교회의 잘못된 점을 고치고 교황을 중심으로 하여 신교도에 맞설 것을 결의했다. 반종교 개혁 운동은 신교도와 구교도의 대립을 더욱 격렬하게 만들어 16세기 후반부터 17세기 전반에 걸쳐 몇 차례의 종교 전쟁이 일어났다.

에스파냐의 펠리페2세는 열렬한 가톨릭 옹호자로 그의 지배 아래 있는 모든 영토 내에 가톨릭을 강요했다. 그러자 1581년 에스파냐의 지배를 받던 네덜란드의 신교도들이 반기를 들어 독립을 선언하고 네덜란드 공화국을 세웠다. 프랑스는 왕위와 정치적 대립이 종교 대립과 결합되어 신교도의 위그노가 전쟁을 일으켰는데 이를 위그노 전쟁(562~1598년)이라 한다. 1598년 앙리 4세가 낭트 칙령으로 신교도에게 신앙의 자유와 정치상의 평등권을 인정함으로써 매듭되었다. 독일에서도 신구교도 사이에 전쟁을 했는데 유럽 여러 나라가 참여하는 국제 전쟁으로 확대되어 30년간 계속된 30년 전쟁(1618~1648년)이 그것이다. 이 전쟁의 결과 체결된 베스트팔렌 조약으로, 유럽 여러 나라에서 개인의 신앙의 자유가 인정되었다.

## 이슬람과 알라

　서기 610년 아라비아라는 나라에 있는 히라산의 동굴에서 단식하며 진리를 구하던 무함마드에게 외치는 소리가 들렸다. "오! 그대 신의 예언자여, 그대는 알라의 사도이니라. 무함마드여, 무함마드여!" 그때 그의 나이 40세였다. 무함마드는 570년 사우디아라비아의 메카에서 귀족 가문인 쿠라이쉬 부족의 하심 가문에서 유복자로 태어났다. 아버지는 압둘라이며 어머니는 베트 민족의 전통에 따라 유목민 유모 할리마가 6세까지 사막에서 키웠다.

　여섯 살 때 어머니가 죽자 할아버지가 키우다 할아버지가 죽자 낙타 카라반이었던 작은아버지 아부탈립이 키웠다. 생후 2개월 만에 아비를 잃은 무함마드는 그렇게 불우하게 자랐으며 그 무렵 메카시에는 웅장한 카바 신전이 있었다. 이 신전에서는 하늘에서 내려왔다는 커다란 검은 돌을 가장 큰 신으로 모셨다. 검은 돌에게 기도를 하면 모든 게 이루어진다는 사람들의 얘기에 어린 마호메트는 고개를 갸웃거렸다. 그는 장년이 되었고 우상신을 믿는 사람들이 그를 죽이려 하자 메카시에서 40킬로미터쯤 떨어진 '야드립'이라는 곳으로 도망갔다. 그곳 사람들은 무함마드를 반갑게 맞아 주었고 얼마 지나지 않아 야드립은 무함마드를 따르는 사람들로 들썩였다. 그래서 이 고장은 예언자의 마을이라는 뜻으로 '메디나'라 불리게 되었다. 서기 630년 1월 1일 마호메트는 1만 명의 병사를 이끌고 메카로 쳐들어갔다. 무함마드는 이 전쟁을 신이 명령하는 싸움이라 하여 '성전聖戰'이라 불렀다.

"알라는 너희들이 하는 것을 항상 보고 계신다." 무함마드에게서 이 말을 들은 병사들의 사기는 하늘을 찌를 듯했다. 이 기세에 메카군은 싸우지도 않고 항복하고 말았다. 메카에 들어선 무함마드는 제일 먼저 신전으로 가서 늘어선 우상을 하나하나 가리키며 "넘어져라."하고 명령하자 우상들은 땅울림을 하고는 다 넘어졌다.

"참된 자가 오자 거짓 것은 사라졌다." 무함마드의 제자들은 그의 가르침을 모아 '코란'이라는 이슬람교의 경전을 펴냈다. 그리고 63세에 무함마드가 죽자 친구인 아브바크르가 뒤를 이어 "칼이냐, 코란이냐!"라는 표어를 내걸고 전쟁을 계속하였다. '성전'이라는 믿음으로 싸운 이슬람 병사들은 그 대가로 아라비아 반도를 통일하고 대제국을 건설할 수 있었다. 610년 말라이카 지브릴로부터 계시를 받은 무함마드는 622년 이슬람 선교에 성공하고 최초로 이슬람을 바탕으로 신정일치(신의 대변사가 통치하는 성지) 국가 창설을 하였다.

전 세계에 19억 신도를 가지고 있는 이슬람은 기독교, 불교와 더불어 세계 3대 종교 가운데 하나이다. 기독교와 이슬람은 사촌 관계라고 할 수 있다. 이슬람은 하나의 종교적 현상이 아니라 신앙과 민족 예술과 과학, 교육이 함께 녹아 들어 있는 실체이며 역사를 통해서 발전하고 퇴락하며 또 새로운 모습으로 부상하기도 하는 총체적인 현상이다. 또한, 7세기에 발원한 이래로 지금까지 1400년이라는 엄청난 시간의 역사를 망라하고 있을 뿐 아니라 마호메트의 출생지인 메카에서 기원하여 북아메리카, 중앙아시아, 발칸 반도에서 사하라 사막 이남 지역까지 퍼져 나간 문화적 현상이다.

이슬람 세계는 오랫동안 서구 기독교 세계의 '적'으로 간주되어 부정적인 평가만 받아왔으며 그 결과 이슬람을 잘못 이해하고 있는 면이 많다. 어느 종교든 그 내부에는 서로 화합하며 공존하는지 여부와는 별개로 다양한 종파가 존재한다. 기독교와 유대교, 힌두교, 불교 등의 내부에는 동일한 줄기에서 뻗어난 가지 같은 계파가 무수히 많다. 이것은 이슬람도 동일하다. 이슬람 초기에서 오늘날까지 꾸준히 존속해 온 양대 종파는 수니파와 시아파이다. 전 세계 무슬림 인구의 85%가 수니파이고 시아파는 10%에 불과하다. 수니파와 시아파가 갈라진 것은 어쩌면 기독교에서 개신교와 가톨릭이 나뉜 것과 비교될 만한 일대 사건이다.

가톨릭교회는 이슬람화를 막기 위해 1098년을 기점으로 십자군 전쟁을 벌였으며 서구인들은 이슬람을 적으로 대했다.

중세 내내 유럽의 지배 세력들은 이슬람의 이미지를 왜곡했다. 1292년까지 8차례에 걸쳐 지속된 십자군 운동에 대한 지지를 북돋으려고 할 때에는 더욱 활발하게 홍보하였다. 사라센인과 터키인은 인간을 노예로 만들어 사람을 숭배하게 만들려고 획책하는 악마의 하수인쯤으로 간주되었다. 에밀 데이르 몽젬은 《무함마드의 생애》라는 책에서 아피프 타바라흐의 저술인 《이슬람의 정신》을 언급하며 "이슬람과 기독교는 상대방에 대한 오해 속에서 전쟁에 휘말려 들었다. 그런데 무슬림보다는 기독교인의 오해가 더 깊었음을 인정해야 한다. 〈중략〉 숱한 신학자가 이슬람을 사악하고 타락한 종교라고 비하하느라 바빴다."라고 말하였다.

아직도 이슬람에 대한 편견은 여전히 많은 사람들의 뇌리에 완전히 박혀 있다. 대개의 무슬림 세계가 서구의 식민지로 편입되었고 무슬림 권역의 이슬람 학교와 대학을 폐쇄했고 종교 지도자를 체포하고 살해했으며 무슬림의 선거권을 박탈했을 뿐 아니라 1960년대 중반 식민주의 시대가 막을 내린 후로 서구의 무슬림 세력에 대한 흑색선전이 재개되었다. 서구 세계의 언론 매체를 통해 이슬람에 관한 지나치게 부정적인 견해가 확대되거나 재생되었으며 세계 곳곳의 폭력 사태기 아무 근기 없이 이슬람과 연관되있다. 점차 정치, 지역, 인종 등이 종교적 시각으로 해석되었으며 그 책임은 모두 이슬람에 전가되었다. 그러나 이슬람에서는 테러리즘은 물론 그와 비슷한 모든 활동을 금지하며 살상을 목적으로 하는 단체들은 이슬람을 거론할 자격이 없다.

'지하드'란 성스러운 전쟁이 아니라 "유일신 알라의 대의를 실현하기 위해 노력과 분투를 아끼지 않음"을 뜻한다. 그러나 때로는 정당한 불만을 품고서 보상받기 위해 폭력을 행사하겠다는 무슬림도 있을 수 있다.

이런 경우에도 그들은 지하드를 수행한다고 주장하겠지만 그 과정에서 이슬람의 금지 규정을 어길 가능성이 무척 높다. 한 가지 확실한 것은 다른 종교에도 극단적인 행동을 정당화하기 위해 자기가 신봉하는 종교를 그릇되게 사용하는 사람이 있듯 그런 무슬림이 있다는 것이다. 극소수 과격 무슬림 알카에다는 1980년대 구소련의 아프카니스탄 침공에 대항한 이슬람 의용군(무자헤딘) 조직을 기원으로 하며, 이슬람 원리주의 계통이자 수니파 계열에 속하는 무슬림 국제 무장 세력이다. 사우디아라비아 출신의 오사마 빈라덴은 이집트 과격 단체들과 동맹하여 조직한 테러 조직으로 현재는 아이만, 알자와리와 사이프아델이 지도자로 있다. 2001년 9월 11일 오전 9시부터 오후 5시 사이에 일어난 항공기 납치 및 자살 테러로 뉴욕의 110층짜리 무역센터 빌딩이 무너지고, 워싱턴의 국방부 청사가 공격을 받았다. 이 사건의 배후로 국제 테러리스트인 오사마 빈라덴과 알카에다, 하마스와 헤즈볼라 등을 지목했다. 이 사건을 기화로 테러와의 전쟁이 선포되었으며 오사마 빈라덴의 은신처로 주목되었던 아프카니스탄에 무차별적인 공격이 가해졌고 이라크 전쟁이 발발했다. 이슬람의 피해 사건은 1995년~1997년 세르비아인 정복지 중 무슬림 거주지이자 UN이 안전지대로 선포했던 스레브레니차에서 발생한 대량 학살 사건을 들 수 있다.

여성과 노약자는 스레브레니치에서 추방당했으며 전쟁 참여가 가능한 성인 남성과 소년 등 8,000명 이상의 보스니아인 무슬림이 세르비아 군대에 의해 살해당했다. '인종 청소'를 명령한 믈라디치와 라도반 카라지치에게는 2차 세계대전 종전 이후 처음으로 집단 학살죄가 적용되었다.

**모로 반군**

부족 국가 형태의 고대 필리핀에 이슬람이 먼저 전파돼 16세기까지 이슬람의 왕국이 유지됐다. 이후 마젤란에 의해 스페인의 식민지가 되었고, 350년간의 식민지 유화 정책으로 필리핀 전역이 가톨릭화되었다. 19세기 말 미서 전쟁에서 패한 스페인에게서 필리핀을 양도받은 미국은 1899년 필리핀을 침략하여 60만 명을 학살하고 식민지화하였다. 이후 무슬림 거주 지역인 민다나오섬을 중심으로 한 남부 지역에 비무슬림을 강제 이주시킴으로써 필리핀 내 갈등이 시작되었다. 1948년 필리핀 독립 이후에도 이어진 가톨릭계의 이슬람 차별, 1971년 마르코스 정부의 남부 지역 모로족 학살 사건 등을 기화로 모로 민족 해방 전선MNLF이 결성되었다. 이후 모로 민족 해방 전선 외에도 모로 이슬람 해방 전선MLF, 아부사이야프로 나뉘어 남부의 자치와 안전을 요구하고 있으며 9월 10일 이후에는 미군이 필리핀 내전에 개입하였다. 십자군 전쟁은 기독교와 이슬람의 종교 전쟁으로 볼 수도 있으나 당시 유럽의 상황으로 볼 때 영토 지배의 야망, 무역과 상업을 통해 얻을 수 있는 경제적 이익의 욕망 등이 현실화된 것으로 중세 시대에 일어난 식민 전쟁을 종교가 심화시켰다.

### 알라

이슬람에서 부르는 알라는 유대교와 기독교가 말하는 여호와, 야훼, 하나님, 하느님과 동일한 존재라고 선언한다. 알라는 남성도 여성도 아니며 이 땅에서 태어나지도 않았다.

부인이나 아들 또한 없다고 말한다. 알라라는 이름은 아랍어에서 유래하는데, 그 의미는 문자 그대로 오로지 하나뿐인 유일한 신을 의미하며, 그 외의 다른 다양한 신들과는 뚜렷하게 구분된다.

### 이슬람

이슬람은 삼위일체 개념이 없는 유일신 종교이다. 이슬람이란 610년 제창된 일신교를 가리키며 유일한 신 알라에게 자발적으로 순종하고 복종한다는 의미와 영혼의 평화를 추구한다는 의미를 가지고 있다.

### 무슬림

무슬림이란 이슬람을 믿고 따르는 추종자, 즉 신자를 가리키며 절대적으로 복종하는 자를 의미한다.

### 아랍

아랍이란 이슬람을 가리키는 말로 아랍어를 사용하고 이슬람을 국교로 정한 나라들의 집합체를 지칭하기도 한다. 흔히 아랍 국가와 이슬람 국가를 동일시하는 경우가 있으나 아랍 국가는 이슬람 국가이지만, 터키나 이란은 아랍 민족이 아닌 이슬람 국가이다.

### 모스크

이슬람에서 예배하는 건물을 이르는 말이다. 무슬림은 모스크에 앉아서 예배드리는 장소라는 의미인 마스지드라고 부른다.

### 지하드

지하드는 말 그대로 "확고한 결심과 의지로 무언가를 이루고자 분투하는 것"을 의미한다.

많은 사람들이 지하드가 성전聖戰을 뜻한다고 하지만, 정확한 의미를 모르는 그릇된 역어이다.

### 메카 Mecca

아브라함의 아내 하갈과 아들 이스마엘이 세운 아라비아 동남부 도시 무함마드의 탄생지이다.

### 수니 sonni

이슬람 최대 종파 이름이다.

### 시아 Shia

이슬람에서 규모가 두 번째로 큰 종파이다. 시아파는 무하마드의 사위 알라와 그의 후손이 유일하게 정당한 무슬림 공동체 통치자라고 주장한다.

### 라마단

이슬람 태음력으로 9번째 달이다. 무슬림은 이 달 29일에서 30일 해가 뜰 때부터 해가 질 때까지 금식을 한다.

### 이슬람이 금하고 있는 행동

술, 마약, 포르노그래피 판매, 환경 오염, 언론 매체를 통한 명예 훼손, 정부의 부패, 소아 성도착증이나 배우자 학대, 동물 학대 등이다.

> 정도로 가는 자 그 자신을 위해 가는 것이며 방황하는 자 누구나 스스로를 방황케 할 뿐이다. 짐 진 자는 다른 사람의 짐을 질 수 없으니 알라는 한 예언자를 보낼 때까지 벌을 내리지 않노라.
> — 이스라〈코란 17장 15절〉

> 종교에는 강요가 없나니. 진리는 암흑 속으로부터 구별되느니라. 샤이탄을 버리고 알라를 믿는 자. 끊어지지 않는 단단한 동앗줄을 잡았노라. 알라는 모든 것을 들으시며 모든 것을 알고 계시니라.
> — 바카라〈코란 2장 256절〉

### 무슬림에 대한 평

미국 대법원 판사인 앤서니 케네디는 "언젠가는 우리가 무슬림 세계에 무지했다는 사실을 인정하게 될 것이다. 무슬림은 미치광이 집단이 아니다. 우리는 무슬림에 대해 아는 것이 하나도 없다. 세계 곳곳에는 우리가 알지 못하는 무슬림이 존재한다. 무슬림을 이해하는 것이 다음 세기의 과제가 될 것이다."라고 말했다. 극소수 무슬림의 행동만 보고서 전체 무슬림을 매도하는 것은 부당한 일이다.

**무함마드에 대한 평**

무함마드는 이슬람의 세계에서 신성한 존재가 아니다. 신도 아니며 알라의 오른편에 앉아서 정의를 심판하지 않는다. 그는 그저 사람 중의 하나일 뿐이며, 예언자로 당시 아랍 반도에서 성행하던 우상 숭배와 맞서 싸우고 희생했던 사람이다.

그렇기 때문에 무슬림은 무함마드를 존경하고 사랑한다. 그는 알라의 말씀을 세상에 전하기 위해 힘든 고난을 겪었다. 게다가 아랍 반도에서 이슬람이 승리를 거둔 후에도 자기를 위해 궁전을 지으라는 명령을 내리지 않았고 평생 부를 쌓지도 않았다. 유산으로는 갈대로 만든 침대와 이불 세트, 그릇 한 개, 저당이 잡혀 있는 방패만을 남겼을 뿐이다. 평생을 근검절약하면서 거의 선승에 가까운 생활로 일관했다.

이런 면모 덕분에 무슬림들은 무함마드를 최상의 남편이자 아버지, 지도자, 친구, 안내자, 정치인으로 여긴다. 조지 버나드 쇼는 무함마드에 대해서 "그는 인류의 구세주라고 불려야 마땅하다. 무함마드와 같은 사람이 오늘날의 세계를 다스린다면 온갖 문제를 해결하여 세계가 절실히 필요로 하는 행복과 평화를 가져올 것이다."라고 말한 바 있다

## 탈레반이 승리하다

　미군이 20년 동안 아프가니스탄 탈레반과 싸우다가 결국 철수하고 말았다. 미국이 아프카니스탄에서 본격 철수 계획을 발표한 후 하룻밤에 바그람 공군 기지를 비웠고, 그것이 거점이 되어 탈레반은 공세를 계속하여 결국 빠르게 수도 카불을 점령했다. 예상치 못한 빠른 전개에 온 세계가 놀랐고, 최근에는 탈레반 수뇌부 쪽도 애초에는 카불을 점령할 계획은 없었다고 밝혀서 모든 것이 너무 갑작스럽게 일어난 일이라는 것을 말해 줬다.

　아무튼 미군에 협조했던 많은 사람들은 보복을 당하고 수많은 사람들이 해외로 피난을 떠나고 있다. 결국 2020년 2월 도하 합의로 미국과 탈레반은 휴전 평화 합의서를 체결했다. 이때 트럼프는 2021년 5월까지 철수키로 발표했다. 사실만 놓고 보면 그런 발표를 했지만, 만약 트럼프가 계속 집권을 했어도 그 약속을 지켰을 것인가는 의문의 여지가 있다.

워낙 비즈니스적인 협상을 잘하고 말도 잘 바꾸는 인물이라 그런 평가가 나오는 것이다. 어쨌든 미국의 정권이 바뀌고 조 바이든 대통령이 취임했고 그는 911 테러 20주년 전에 아프칸에서 완전히 철수하겠다고 발표했다.

원래는 질서 있게 순차적으로 평화롭게 철수할 계획이었지만 7월에 아프칸 정부에게 알리지도 않고 바그람 공군 기지에서 야밤에 철수한 것이 계기가 되어 2021년 8월에는 탈레반에게 수도 카불이 함락되어 완전히 넘어가는 일이 벌어졌다. 바이든 미 대통령은 대국민 연설에서 아프칸 미군 철수 이유를 언급했다.

- 미국은 아프칸에 대테러 활동을 하러 간 것이지 반군에 대응하러 간 것이 아니다.
- 911 테러 주범인 알카에다의 오사마 빈라덴 제거 목적을 이미 오래전에 달성했다.
- 탈레반과 아프칸 정부의 싸움은 내전이다.

우리군(미군)에게 끝도 없는 다른 나라 내전을 치르도록 요구할 수 없고 해서도 안 된다. 미국의 국익이 아닌 다른 나라 분쟁에서 주둔하며 싸우는 과거 실수를 반복하지 않을 것이다.

- 아프칸군 스스로 싸우려 하지 않는 전쟁에서 미국인이 싸울 수도 없고 싸워서도 안 된다.
- 전임 도널드 트럼프 대통령이 미군 철수 협상을 완료한 상황이어서 선택의 여지가 없다.

요약하면 "미국의 국익에 도움이 되지 않는 전쟁을 더 이상 질질 끌 수 없다."라는 말이다. 베트남전에서도 철수했듯이 사실 미국은 20년간 약 2조 달러(약 2,000조 원)을 쏟아 부었고 미국의 희생도 적지 않았다.

무엇보다도 천문학적인 돈이 들어가는 것이 부담이 컸다는 분석이 많다. 사실 오바마 정권 때 빈라덴을 제거한 후 바로 철군을 할 수도 있었는데, 그때는 IS라는 큰 사건에 발목이 잡혀서 어쩔 수 없는 측면도 있었다. 어쨌든 미국은 전이나 지금이나 손해 보는 장사를 하지 않는다는 것이 입증되었다. 그렇다면 우리는 미국을 얼마나 믿어야 할까? 한국에도 미군이 약 2만 명쯤 있는데 그 비용을 물가 상승에 따라 올려주고 있지 않은가? 이를 일러 세상에 공짜는 없다고 하는가 보다.

## 단박에 깨치다

불교에 대해 공부하고 관심과 인연이 있는 사람들은 6조단경의 혜능선사의 게송을 잘 알고 있을 것이다. 당나라 초두에 쑤저우 땅 조계산의 보림사에서 법해(法海)에 의하여 6대 혜능조사의 설법집으로 오늘날 널리 알려진 단경이다. 열심히 정진하여 깨달음에 도달했을 때 비로소 스승으로부터 인정을 받게 된다는 가르침이다. 이러한 가르침의 취지야말로 불교가 시작된 이래로 실천되어 왔고, 더구나 인도의 보리달마가 중국 혜가(惠可) 대사에게 그 바른 길을 물려준 이래 5조 홍인 때까지 법통으로 받들어져 왔는데 이를 말로 표현하여 후대의 규범으로 삼게 하기는 혜능이 그 시작이었다.

6조 혜능 이후로 선이 크게 보급되었고 9세기 이후에는 중국과 고려에서 이미 3종 이상의 6조단경이 많은 사람들에게 읽히게 되었다. 단경은 겉으로는 평이한 듯하면서도 내용에서는 난해한 점이 너무 많아 하루아침에 만인에게 수긍될 수 있는 결론을 얻기는 극히 어려운 일이다. '단경'은 중국 선종사 형성에 혜성처럼 등장한 혜능선사의 어록으로 인류 전체의 문화 유산으로 만인의 공유 보물로 만들어져 있다.

5조 홍인대사가 어느 날 제자들을 모이게 하고 "내가 늘 너희들에게 가르쳤던 사람으로서의 생사 문제야말로 중대하다. 그런데도 너희들은 하루 종일 먹기나 하고 오로지 복덕이나 바랄 뿐 핵심이 되는 삶의 불안이나 죽음이라는 사람으로서의 한없는 고뇌 문제를 해결하려고 들지 않는다. 자기 본성을 찾지 못하고 헤매기만 한다면 목적 따위를 어찌 얻을 수 있겠는가? 너희들은 각자 스스로를 잘 살펴보고 지혜로써 자기 본심인 반야의 본성을 잡아서 각자 게송 한 수씩을 지어 나한테 내도록 하라. 만약 깨달음을 파악한 자가 나오면 그에게 선대조사로부터 전해 내려오는 가사와 법통을 물려주어 제6대 조사로 삼도록 하겠다. 꾸물거리지 마라." 말이 끝나자 제자들은 "게송을 지어 봤자 신수 상좌가 현재 훌륭한 교수로 있는데 헛수고일 뿐 우리들은 앞으로 신수법사에게 의지해야 번거롭게 할 필요 없다"며 게송을 포기했다.

신수는 게송을 제출할까 말까 하며 난감해했다. 신수는 게송이 완성됐지만 몇 번이나 제출하려고 5조의 방 앞까지 갔으나 가슴이 뛰고 식은땀이 흘러 그만두었다. '차라리 복도 벽에 붙여서 스님 눈에 뜨이도록 하는 것이 좋겠다'고 생각했다. 그러나 읽어 보시고, 만약 좋다고 한다면 모르되 돼먹지 않았다고 한다면 몇 해 동안 사람들에게 존경받던 것조차 허사일 뿐 무슨 도를 닦는단 말인가.

이렇게 결심이 굳어지자 밤중 12시가 되어 아무도 모르게 가서 복도 벽 한가운데에 무상게無相偈를 써 붙여서 마음먹은 견해를 표시했다. 그 게송은 이러하다.

    신시보리수身是菩提樹 몸은 깨달음의 나무
    심여명경대心如明鏡臺 마음은 맑은 거울 받침대
    시시근불식時時勤佛拭 늘 깨끗하게 털고 닦아서
    막사유진애莫使有塵埃 먼지에 더럽히지 않도록 하리

5조 홍인은 이미 알기를 신수는 6년 동안 공부를 했지만 아직 법문에 들어서지 못했고 견성도 하지 못한 것으로 보았다.

아침에 5조는 신수의 게송이 눈에 뜨이자 읽어 본 다음에 제자들을 불러 "자네들 모두 이 게송을 부르게. 이 게송의 정신을 깨닫는 자는 즉시 견성할 수 있을 것이다. 이 게송에 따라 수행한다면 반드시 타락하는 일은 없을 것이다."라고 말했다. 제자들은 너나 없이 게송을 부르면서 모두들 잘 지었다고 찬탄했다. 5조는 밤중에 신수를 자기 방으로 불러 물었다. "자네가 이 게송을 지었다고 하는데 겨우 불법문 앞에 닿았을 뿐 아직 문 안에 들어서지 못했다. 여느 범인이 이에 따라 수행한다면 타락하지는 않을 것이다. 최고의 깨달음이런 반드시 당장에 자기 본래의 마음을 꿰뚫어 볼 수 있음으로써 자기 본성이 불생불멸임을 알아야 하며 언제라도 막힘이 없고 모든 대상은 스스로 있는 그대로이며 이 있는 그대로의 마음이어야 한다."

5조는 다시 말하기를 "자네는 일단 물러가 있게나. 하루 이틀 더 생각해서 다시 게송 하나를 지어서 가지고 와보게. 다시 보아서 본성을 꿰뚫어 보았다면 법통 상속의 증거로 가사를 물려 주겠네. 내가 상속을 아까워하는 것이 아니라 자네 생각이 우둔한 탓일세."

신수는 절하고 바로 물러나왔다. 그로부터 며칠이 지났으나 게송을 짓지 못했다. 심중은 어지럽고 정신과 생각은 불안하여 앉으나 서나 마음만 무거웠다. 다시 이틀이 지나서 한 수행자가 절 곳간에 들러 신수가 지은 게송을 부르고 있었다. 혜능은 절구질을 하다가 그 게송을 들었으나 아직 깨닫지 못했다. 그래서 "게송을 부르는데 무슨 게송입니까?" 하고 물었다. "게송은 신수 상좌가 벽에 써붙인 게송인데 우리 모두에게 읽도록 하라고 스님께서 말씀하시고 만약 깨달을 수 있는 자는 법통을 물려 주시겠다고 하셨네."

혜능이 말했다. "선배님 저는 이 방앗간에서 절구질을 하면서 8개월이 지났는데 스님이 계시는 방 앞에 가본 적이 없습니다. 부디 선배님이 데리고 가서 그 게송 앞에서 합장할 수 있도록 해 주십시오. 저도 그 게송을 읽고 저승에 가서도 인연을 맺어서 함께 부처님 나라에 태어나고 싶습니다." 그러자 수행자는 혜능을 데리고 갔다. "나는 글자를 모르기 때문에 선배님께서 읽어 주어 알아듣게 해준다면 고마움을 잊지 않겠습니다."

혜능은 글을 쓰거나 읽을 줄 몰랐다. 5조 홍인을 만나기 전까지 땔나무를 해서 장에 갔다 팔아 노모를 모시며 가난하게 살았다. 유독 불심이 깊어 출가하려 했지만 어머니 때문에 망설이고 있던 중에 나무를 사 간 사람이 은화 10냥을 노모의 생활비로 마련해 주자

곧바로 멀고 먼 길을 떠나 5조를 만나게 된 것이다. 그 선배는 곧바로 소리 높이 읽어 주었다. 혜능은 한번 듣자 그 자리에서 뜻을 알고는 그에게 말했다.

"저도 게송이 하나 있으니 선배님 부디 벽에 써 주시기 바랍니다." 그 선배가 말했다. "오랑캐 주제에 자네가 게송을 짓겠다니 그것 참 기특하군." 혜능이 말했다. "부처님의 깨달음의 지혜를 공부하는 사람이라면, 초보자라고 깔보아서는 안 됩니다. 속담에 말하기를 '최하의 사람에게도 최상의 지혜가 있을 수 있고 최상의 사람에게도 지혜의 맹점이 있을 수 있다.'고 했습니다. 남을 깔보면 어김없이 큰 죄를 범하게 되는 것입니다." 그 선배가 말했다. "어쨌든 게송을 불러보게나. 자네를 위해 써 줌세. 자네가 만약 불법을 성취한다면 맨 먼저 나부터 제도해 주도록 있지 말게."

혜능의 게송은 이렇다.

보리본무수菩提本無樹 깨달음에는 본디 나무라고는 없다.
명경역비대明鏡亦非臺 밝은 거울 역시 받침대가 아니다.
본래무일물本來無一物 본래부터 텅 비어 아무것도 없는데
하처유진애何處有塵埃 어디에 먼지나 티끌이 있을까 보냐.

이 게송의 해설이 끝나자 승려, 신도 모두 놀랐다. 사찰 내 모든 사람들은 감동하고 찬탄했다. "오랫동안 살아 있는 육신 보살에게 절구질을 시켰을까?" 하고 의아해했다.

5조 스님은 혜능을 누가 죽이기라도 할까 염려하여 일부러 속임수로 사람들에게 "이 게송도 아직 멀었다."라고 하자 사람들은 각자의 방으로 돌아가고 더 이상 찬탄하지 않았다.

5조는 한밤중에 혜능을 불러들여 깨우쳤음을 받고 가사와 바리때를 건네주고 "옛날부터 교법을 이어받은 사람은 목숨이 몹시 위태로웠다. 만약 여기에 머물러 있으면 누가 자네를 죽일지도 모르니 빨리 떠나라." 하고 말했다.

"저는 남방 사람이라서 이곳 산길에 어두운데 어떻게 가면 구강九江 어귀까지 이를 수 있겠습니까?" "자네는 걱정 말게. 내가 전송해 주지." 5조는 혜능을 배에 태우고 무사히 강을 건넜다. 5조가 말했다. "자네가 떠난 1년 뒤면 나는 먼저 세상을 뜰 것이다." 이어서 말하길 "그럼 잘 가게, 굳세게 남쪽으로 가게. 앞으로 5년간은 설법을 안 해야 된다. 불교에 위기가 올 것이기 때문이다. 그 후 교화에 힘써서 헤매는 사람들을 선도해 주게나." 홍인 조사와 작별 인사가 끝나자 곧바로 혜능은 남쪽을 향해 갔다.

대략 두어 달쯤 걸려 대우령에 당도했다. 혜능을 수백 명이 쫓아와서 가사를 가로채고 법(통)을 빼앗으려는 계획이었으나 중도까지 쫓아오다가 모두 돌아갔다. 오직 한 사람의 승려 성은 진陳 이름은 혜명惠明이라는 그 선조는 4품의 장군으로 품행이 거친 인물인데 곧장 대우령 산꼭대기에 와서 혜능을 따라붙었다. 혜능은 미련 없이 의발을 돌려주려 했지만 그는 받기를 거절했다. "저는 교법을 바랄 따름이며 가사는 필요없습니다."라고 했다. 혜능은 서슴지 않고 그에게 정법正法을 넘겨 주었다.

혜명은 교법을 듣자마자 단박 마음이 열려서 깨달을 수 있었다. 6조가 혜명에게 말한 것은 "착함도 생각하지 않고 악함도 생각하지 않는 바로 그때 어떠한 것이 그대의 진정한 모습인가?" 하는 것이었다. 그 뒤에 혜능은 조계에 도착했으나 또다시 악인들에게 쫓기게 되어 사회현으로 피신했다. 5년을 경과하면서 늘 사냥꾼과 함께 지냈다. 고종 연대에 광주(광둥성)의 법성사를 찾아가니 마침 인종법사가 열반경을 강의하고 있었다. 그때 바람이 불어서 깃발이 날리고 있었다.

깃발이 움직인다고 말하자 다른 승려는 바람이 움직이는 것이라고 했다. 6조 혜능이 "깃발이 움직이거나 바람이 움직이는 것이 아니라 당신들 마음이 스스로 움직이고 있는 것이다."고 하자 이들은 이 말을 듣고 소스라치게 놀랐다고 했다.

### 조사 계보

처음의 6불六佛 후 석가 제7 가섭, 아난, 말전지, 상나화수, 우파국타, 제다가, 불타난제, 불타밀다, 협비구, 부나사, 마명대사, 비라존자, 용수대사, 가나제다, 나후라다, 승가나제, 승가야사, 구마라타, 사야다, 바수반두, 마나라학륵나, 사바비구, 바사사다, 우파굴다, 바수일다, 승가라차, 보리달마, 혜가, 승찬, 도선, 홍인, 혜능, 신회는 6조 혜능이 법통을 이어받은 조사임을 증명하기 위하여 개원 20년(732) 정월 15일 활대의 대운사에서 무차 대회를 열어 님종의 종지를 세우고 가섭으로부터 달마를 8대째로 잡고 또 당나라의 6

조사를 가산하여 혜능 13대 설을 세웠다. 그런 후에 그 미비점을 고쳐 28대 설을 세우는 동시에 세존입멸 이후로 과거 6佛에서 제7佛 석가모니 이후의 6조 혜능까지의 제40대 설을 완성, 이를《단경》에 넣어서 편찬했다.

### 제7불 석가모니불 이전의 6佛

1. 비비시佛
2. 시기佛
3. 비시부佛
4. 구론손佛
5. 구나 함모시佛
6. 가섭佛

# 철학자들이 본 자기 존재와 세계

**공자가 말한 지천명知天命의 세계**

주자가 말한 활연관통豁然貫通의 명증明證한 세계 선禪에서 말하는 대오각성大悟覺醒 소크라테스의 '지덕합일', 예수의 '사랑', 니체의 '초인', 데모크리토스의 '원자', 아리스토텔레스의 '진료와 형상', 헤겔의 '절대 정신', 주희의 '이기'理氣, 플라톤의 비유로 말한다면 드디어 동굴 밖으로 나와서 밝은 빛의 세계에서 진상을 비로소 보는 것이다.

자기 존재를 찾으려는 노력은 공통적이다. 철학자들은 예컨대 노자는 무위자연의 도道로, 공자는 천天으로, 이황은 이理로, 서경덕은 기氣로, 기독교에서는 '신'으로 보았고 플라톤은 '이데아' 본래는 보임새 형形, 생각, 이념, 아이디어, 세계로, 불교에서는 공空으로 보았으며 유물론자들은 엄격한 법칙에 의해 지배되는 '물질의 세계'라고 본다.

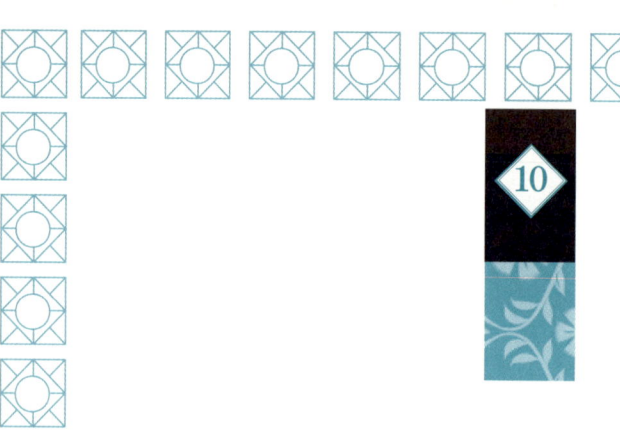

# 좋은 습관 10가지

### 하나  말을 적게 할 것

말이 많으면 불필요한 말이 섞여 나오기도 한다. 원래 귀는 닫도록 만들어져 있지 않지만 입은 언제라도 닫을 수 있다. "침묵은 금이요 웅변은 은이다"는 격언도 있듯이 연설은 짧을수록 좋다.

### 둘  책을 많이 있고 여행을 할 것

지식은 죽을 때까지 배워도 그 끝이 없다. 책은 많이 읽을수록 지식과 교양 함양에 좋으며 큰 양식이 된다. 여행을 하면 더 크고 넓은 세상과 다양한 삶을 보며 자신의 존재에 대해 평가할 수 있는 기회가 될 수 있다. 우물 속에서만 살던 개구리가 넓은 바다를 보았을 때, 어떤 생각이 들까.

**셋** 텔레비전에 많은 시간을 빼앗기지 말고 광고 선전을 너무 믿지 말 것

TV는 켜기는 쉽지만 끄기는 어렵다. 무기력한 사람이 음료수 한 잔에 또는 건강 식품에 당장 고민이 해결된다면 병원도 갈 필요 없고 이미 세상은 천국이 되었을 것이다.

**넷** 잘 웃는 연습을 할 것

세상에 정답을 논하거나 답변하기 난처할 때가 있다. 그럴 때는 하하 웃어 보라. 뜻밖에 문제가 풀리는 것을 알 수 있다. 웃는 여백에서 답을 골라서 제시할 수 있다.

**다섯** 화내는 사람이 손해를 본다.

성질이 급해 쉽게 화를 내고 목소리를 높이는 사람은 대개 싸움에서 지게 되며, 그로 인해 좌절에 빠진다.

**여섯** 예의범절을 소홀히 하지 말 것

처신함에 있어 항상 공손하고 예를 갖추면 욕하는 사람이 없으며 이익을 얻는다. 친절하고 겸손한 태도에 누가 미워하고 욕하겠는가.

**일곱** 여유가 있어도 낭비하지 말 것

돈이 있다고 낭비하는 것은 좋지 않다. 돈을 많이 쓰는 것과 낭비하는 것과는 차이가 있다.

무엇을 사고자 할 때는 그것이 꼭 필요한 것인지 없어도 되는 건지 더 생각해 보고서 사라. 한 번만 사용하고 버리기도 하고 사다 두고 쓰지도 않고 방치해 두기도 한다. 검약도 하나의 미덕이다.

### 여덟 : 있을 때 잘할 것

부모가 돌아가시면 무엇보다 잘못했던 것들이 떠오르게 되고 '좀 더 잘할 것을….' 하며 후회가 든다. 그래서 살아 계실 때 비록 적은 것이라도 성의껏 잘해 드려야 한다. 작은 돈으로 얼마든지 흐뭇하게 해드릴 수 있다.

겨울엔 따뜻한 붕어빵도 좋고 여름에는 시원한 아이스크림도 훌륭하다. 돌아가신 뒤에 울고 제사상에 산해진미를 올려도 아무 소용이 없는 것이다. 부부간에도 다르지 않으며, 형제와 친척 역시 왕래하고 안부라도 한 번씩 해야지. 그리하지 않으면 점점 멀어지고 그래서 이웃사촌이 더 가깝다고 하는 것이다.

지금은 교통도 좋고 전화도 흔하지 않은가?

### 아홉 저축하는 버릇을 가져라.

돈이 생기면 있는 대로 써버리고 없을 때는 외상을 하거나 맥이 풀리는 사람도 있다. 그런 사람은 걱정 안 할 수가 없다. 언제 무슨 일이 생길지 모르기 때문에 조금씩 모아 목돈이 통장에 있어야 한다. 후일을 대비해서 사용할 돈은 꼭 있어야 한다. 쓰고 남은 돈을 저축하는 것이 아니라 돈이 생기면 먼저 저축하는 것이다. 돼지 저금통 마련도 좋고 가계부를 쓰는 것도 저축하는 데에 좋은 습관이다.

### 열   인색하지 말 것

"물이 너무 맑으면 고기가 없다"는 말이 있듯 사람이 너무 인색하면 좋아하는 사람이 없다. 사소한 것은 따지지 말고 양보도 할 줄 알고, 이해도 용서도 하면서 줄 때는 줄 줄도 알아야 한다. 돈에 대해서도 구두쇠, 노랭이처럼 몇 푼 쓰는 것을 벌벌 떨며 뒤로 빼지 말고 써야 할 때는 써야 한다.

인심이 후하고 도량이 넓어야 사람들이 따르고 주위에 친구가 많다. 부하나 직원이 실수를 하였다면 조용히 불러서 훈계를 하든지 적당히 꾸짖고 말아야지 직원들이 보는 앞에서 망신을 주거나 도가 넘는 문책(욕설 폭행)을 한다면 도리어 그로하여 앙심을 품게 될 수도 있다. 가정에서 부모가 자식을 키우면서도 마찬가지다.

자녀가 잘못을 했다면 심하게 꾸짖거나 때려서도 좋은 체벌이 아니다. 이번 한 번은 봐주겠다 또 그러면 벌을 주겠다며 주의를 주는 정도여야 한다.

## 제8부

# 느림의 지혜

느림의 지혜 | 실천하는 신앙인 | 버리고 비워야 |
출가 | 우리는 지금 무슨 짓을 하고 있는가 |
주제 파악 | 나를 돌아보기 |
동양 철학의 음양오행 | 서양 철학의 12별자리

# 느림의 지혜

　40년~50년 전 '빨리빨리'라는 말을 많이 사용하며 살았다. 식당에 가 음식을 주문하고 나서도, 승차권을 살 때도, 대폿집에 가서도, 아이들에게 심부름을 시킬 때도 '빨리'라는 말이 수식어처럼 붙었다. 그뿐만 아니라 건설 현장이나 농촌의 일손도 동작이 느리거나 어설픈 사람은 다음 달부터는 일을 하지 못했다. 어떤 외국인이 한국에 올 때는 '빨리빨리'라는 말을 꼭 배워 가야 한다는 우스갯말이 생길 만큼 한국은 바쁜 나라였다. 시간이 돈이었고 빠름이 돈이었다. 그래서 당시에는 쉬는 휴일도 적었고, 휴식 시간도 짧았으며 노동 시간이 많은 국가 중 상위권이었다. 경제 부흥을 위해서는 생산이 최우선이었고 달성을 하기 위해 동작이 빨라야만 했다. 그러다 보니 여기저기서 산업 재해로 사람들이 죽거나 중상을 입는 일이 빈번했다.

돈이 먼저이고 안전 수칙이나 법규는 다음이었다. 모든 사고들이 빨리에서 발생한 당연하면서도 안타까운 산물이었다. 자유당 시절에는 작업 중에 사고로 죽거나 다치는 사람이 많았으나 그 책임이나 보상은 형편없었으며 그다지 놀랍고 중요하지도 않았다. 업체나 사장은 큰 타격을 입지도 않았고, 피해를 입은 사람만 억울했던 것이다. 그야말로 사람 목숨이 개보다 못했었다. 농촌에서 돈을 벌겠다며 도회지로 간 아들이 죽었다는 전보를 받은 부모는 상경하여 죽은 자식을 찾아오는 것으로 끝났다. 죽은 자식 시신이라도 가지고 가야 한다고 사정하고 매달리는 촌로들도 있었다. 항의를 하고 하소연을 해봐도 계란으로 바위치기였으니 억울하고 기막힌 일이 어디 있겠는가. 지금은 개정되어 좋아졌지만.

한때 과속하다가 죽는 사람이 많아지자 "5분 일찍 가려다가 50년 먼저 간다"는 표어가 생겼고 도로 사거리 육교마다 표어를 현수막이나 제작판에 써 설치했다. 요즈음 학교 앞(스쿨존)에 "어린이 보호 구역 30"이라고 페인트 글씨로 표시하고 노란색, 붉은색으로 아스팔트에 칠했지만 효과가 미비하고 낭비인 것 같다. 그 원인은 제한 속도가 너무 높고 철저히 법규를 지키지 않은 탓도 있으며 처벌이 가벼운 것도 문제지만 무엇보다 여유를 깃는 습관이 몸에 배지 않은 데 있다. 스쿨존에서 발생하는 교통사고를 제로로 할 수는 없을까 하고 필자는 오래전부터 고심했는데 드디어 좋은 방안을 찾았다. 특허 출원을 할까 하는데 관계 부처에서 그것을 요구한다면 기꺼이 넘겨 줄 생각이다.

아무튼 모든 사고는 급함에서 발생한다. 안전 수칙과 법규를 잘 지켰더라면 신축년 여름 광주의 아파트 철거 작업 중의 끔찍한 붕괴 사고는 생기지 않았을 것이다.

"빨리 먹는 밥에 체한다"는 진리를 알아 모든 일을 천천히 하되 실수가 없도록 해야 한다. 동화책 속 '토끼와 거북이' 경주에서 누가 이겼던가? 느림의 지혜를 알아야 한다.

## 실천하는 신앙인

여러 종교와 수많은 종파가 있는 한국의 종교인 수는 수천만 명에 달한다. 이들 중에는 성직자들도 많고 신앙 생활을 열심히 하는 신도가 있으며 대충 다니는 나이롱 신자가 있는가 하면 못 말리는 광신교인들도 있다. 어쩌다 불미스러운 행동으로 방송에 모 종교 지도자를 기소했다는 부끄러운 소식을 들을 때도 있다. 신앙인이 추구해야 할 최상의 목적은 무엇일까? 내가 알기로는 참신한 생활을 하려면 우선 집착을 멀리하고, 기복(무엇을 바라고 원함) 신앙이 아닌 희생 신앙이어야 하지 않을까? 남에게 베풀고 선한 마음으로 사물을 보고 대해야 진정한 신앙인이라 할 것이다. 겨울철 길을 가는데 추위에 떨고 있는 옷이 허술한 걸인을 보았다면 두터운 자기의 잠바를 벗어 입혀 주거나, 배곯은 노인을 식당으로 데리고 와 국밥을 시켜 주고 자신은 집에 와서 밥을 차려 먹는 사람, 이처럼 불우한 사람을 선뜻 도와주는 신앙인이 그리 많이 없는 것이 아쉽다.

종교와 신앙을 떠나 인간으로서 남의 불행과 아픔을 보고도 가볍게 지나친다면 그것은 양심의 죄를 짓는 것이다. 주저하지 않고 도와주는 희생 정신을 가진 신앙인이 참된 사람이며 그런 사람은 유신론, 무신론 관계없이 사후에 칭송되고 저승에서도 좋은 대우를 받을 것이다. 아무리 신앙심이 깊어도 실천하지 않는다면 그것은 종교인이 아니다.

세례를 받고 계를 받고 지녔다 해도 실천하지 않으면 그것은 공염불에 불과하다. 어떤 종교이건 인간의 길을 위해, 인간에 의해 만들어 놓은 것이라면 인간의 삶과 이어지는 종교는 좋은 종교이고, 인간의 삶을 등지거나 소홀히 하는 종교는 좋은 종교라고 할 수 없다. 이 말을 바꾸면, 올바른 진리는 인간의 삶으로 이어지고 진리를 가장한 거짓은 인간의 삶을 소홀히 한다. 종교가 생기고 나서 사람이 있는 것이 아니라 먼저 사람이 있고 나서 그 사람이 만들어 놓은 여러 가지 문화 현상 중의 하나가 지금 사람들이 믿고 있는 종교임을 알아야 한다. 사람의 일은 소홀히 하면서 종교만을 절대시하는 것은 주객이 전도되어 사람은 종교의 노예로 전락하게 된다. 오늘날 종교 간의 끊임없는 대립과 갈등이 바로 이를 증명하고 있다.

언젠가 읽어 본 톨스토이의 《두 노인》은 러시아 전례의 민화를 바탕으로 엮어진 책인데 그 이야기는 이렇게 시작된다.

두 노인이 성지 예루살렘으로 순례를 떠나는데 한 사람은 부자 농부로 이름은 예핌 따라스 비치 세베로프이고 한 노인은 별로 돈이 없는 에리세이 보도로프라는 사람이다.

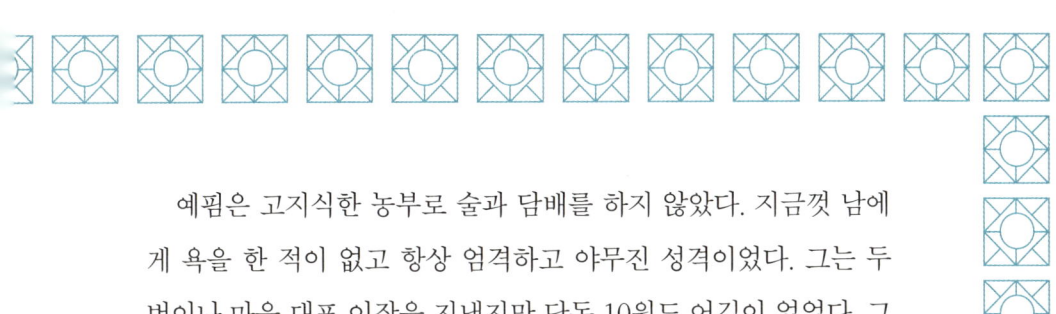

　예핌은 고지식한 농부로 술과 담배를 하지 않았다. 지금껏 남에게 욕을 한 적이 없고 항상 엄격하고 야무진 성격이었다. 그는 두 번이나 마을 대표 이장을 지냈지만 단돈 10원도 어김이 없었다. 그는 대가족과 함께 살고 있었고 나이가 일흔이 넘었지만 건강한 노인이었다.

　같은 마을에 사는 친구 에리세이는 부자도 아니고 가난하지도 않은 노인으로 젊어서 목수일을 다녔으나 나이 먹은 뒤에는 집에서 양봉을 시작했다. 큰아들은 외지에 나가 있었고, 둘째 아들이 집안일을 돌보고 있었다. 그는 마음씨 좋은 명랑한 사람으로 술도 마시고 담배도 피웠다.

　두 노인은 오래전부터 함께 성지 순례를 가기로 했지만 예핌 노인 쪽이 집안일 때문에 차일피일 미뤄 왔다. 어느 날 에리세이가 말했다. "언제 성지 순례를 떠날 건가?" 예핌은 얼굴을 찡그리며 집안일 때문에 어쩌고 하면서 또 눌러앉으려는 것을 에리세이가 다그쳤다. "여보게. 우리는 언젠가 어차피 죽을 몸인데 남은 자식들은 우리가 없어도 다 잘해 나갈 거야." 이렇게 해서 그들은 마침내 길을 떠나게 되었다.

　먼길을 오래 걸어왔기에 에리세이는 잠시 쉬면서 물을 마시고 싶었지만 예핌은 걸음을 멈추려 하지 않았다.

　한 농가 앞에 이르렀을 때 에리세이는 잠시 들어가 물을 얻어 마시고 올 테니 먼저 가라고 이르고 그 집으로 들어갔다. 그런데 그 집 안에서는 온 식구들이 굶주림에 돌림병까지 앓아 사경을 헤매고 있었다.

이 광경을 목격한 에리세이는 성지 순례의 길을 단념하고 그 죽어 가는 사람들을 구원하기로 한다. 한편, 먼저 길을 떠난 예핌은 한동안은 친구가 뒤따라오기를 기다렸으나 자기가 나무 그늘에서 잠시 졸고 있는 사이에 혹시 지나가 버리지 않았을까 싶어 발길을 더욱 재촉했다. 그는 성지를 향해 걸어가면서도, 머릿속은 집안일로 가득 차 있었다.

에리세이는 그 집 식구들이 병고에서 일어난 후 먹고 지낼 식량과 땔감을 마련해 놓고 집으로 돌아온다. 에리세이가 혼자서 돌아온 것을 보고 의아해하는 가족들에게 그는 이렇게 변명했다. "나는 주님의 인도가 없었던 모양이다. 도중에 돈을 잃어 버렸지. 그래서 더 갈 수가 없었다"며 그 농가에서 일어났던 일은 내색하지 않았다. 다시 그 전처럼 즐거운 마음으로 집안일을 보살폈다.

이때 예루살렘에 도착한 예핌은 순례자로 혼잡한 성당으로 들어가 예배를 드리려고 하는데, 성화가 타고 있는 제단 맨 앞에 자기 친구 에리세이의 뒷모습을 보고 깜짝 놀란다. 에리세이의 뒷모습 둘레에는 둥근 원광이 눈부시게 빛나고 있었다. "아니, 저 친구가 언제 왔지?" 하고 친구 쪽을 향해 밀치고 나가려는데 친구의 뒷모습은 홀연히 사라지고 만다. 이와 같이 성소에서 세 번이나 친구의 뒷모습을 보게 된다. 순례에서 돌아온 예핌은 뒤늦게 깨닫는다.

'나는 몸만 갔다 왔구나. 이 세상에서는 죽는 날까지 자기의 의무를 사랑과 선행으로 다하지 않으면 안 된다. 이것이 사람의 도리다.'

이 두 노인의 이야기에서 우리는 곰곰이 생각해 봐야 한다.

## 버리고 비워야

　깨우침을 얻기 위해서는 모든 것은 무상하다는 것을 알아 사랑하는 부모 형제도 가족도 친지도 친구도 부귀 영화도 나 자신까지 버리지 않으면 안 된다. 보고 싶고 안타깝고, 아쉬워도 모든 미련을 떨치고 버려야 하는 것이다. 다른 종교와 달리 불교의 깨달음은 피나는 노력으로 얻을 수 있는 자신이 주체가 되기 위한 목적인 것이다. 그러기 위해서는 버리고 또 비워야 하는 것이 우선이며 계를 잘 지켜 수행해야 한다.

　누구나 부처가 될 수 있는 씨앗을 갖고 태어났지만 그 씨앗을 싹 틔우고 자라게 하고, 열매를 맺게 하는 것은 어렵고도 험난하다. 때문에 나라를 움직이는 왕이나 대통령이 되기는 쉽지만 부처가 되는 것은 어렵고도 어려운 것이다. 그런 까닭에 중도에 포기하기도 하고 시간을 소비하며 살고 있다.

　깨달음을 찾는 자는 가르침을 지키고 계를 잘 지켜야 한다.

계를 지키면 마음의 통일을 얻고, 마음의 통일을 얻으면 지혜가 밝아져서 이 지혜야말로 사람을 깨달음으로 인도한다. 이 삼학은 깨달음의 길이다. 삼학을 배우고 닦지 않았기 때문에 사람들은 오래도록 미혹에 빠져왔다. 진리 가운데 있어 안으로 고요히 맑은 마음으로 명성하여 깨달음을 얻도록 해야 한다. 이 삼학을 펼치면 팔정도가 되며 사념주, 사정근, 오력, 육바라밀이 된다. 팔정도란 바르게 보고, 바르게 생각하고, 바르게 말하고, 바르게 행동하며, 바르게 살아가고, 바르게 노력하고, 바르게 기억하며, 바르게 마음을 통일함을 말한다.

바르게 본다는 것은 네 가지 진리인 사성제를 확실히 밝히고 원인과 결과에 따른 도리 곧 인연의 법칙을 믿고, 그 두 견해를 갖지 아니함이다. 바르게 생각한다는 것은 욕심에 사로잡히지 않고, 탐내지 않으며, 성내지 않으며, 해칠 마음을 갖지 않음을 말한다. 바르게 말한다는 것은 거짓함과 쓸데없는 말과 험담과 이간질을 하지 않음이다. 바르게 행동한다는 것은 살생과 도둑질과 간음을 하지 않음을 말한다. 바르게 살아간다는 것은 사람으로서 수치스럽게 살아가지 않음을 말한다. 바르게 노력한다는 것은 올바른 일을 향해서 태만함이 없이 부지런히 노력함을 말한다.

바르게 기억한다는 것은 어떤 일이든 의식을 명확히 하여 바르게 마음에 새겨 둠을 말한다. 바르게 마음을 통일한다는 것은 그릇된 목적을 갖지 아니하고 지혜를 밝게 하기 위해서 마음을 바르게 가라앉혀서 마음의 통일을 갖는 것이다.

사념주란 다음의 네 가지이다. 나의 몸은 더러운 것으로서 집착할 것이 못된다고 본다. 감각은 그것이 어떤 것이든 모두 옮겨 변하는 것이라고 본다. 그 모든 것은 모두 원인과 조건에 의해서 이루어진 인연의 소산이므로 어느 것도 영원히 머무르는 것이 아님을 본다.

사정근이란 다음 네 가지이다. 일어나려 하는 일은 발생하기 전에 막는다. 이미 발생한 일은 놓아 버린다. 일어나려고 하는 선은 발생하도록 유도한다. 이어 발생한 선은 더욱 커지도록 키운다. 이 네 가지를 위해서 노력하는 것이다.

오력이란 다음 다섯 가지이다. 믿는 것, 노력하는 것, 확고한 의식을 갖는 것, 마음을 통일하는 것, 밝은 지혜를 갖는 것이다. 이 다섯 가지가 깨달음을 얻게 하는 힘이다.

육바라밀이란 보시, 지계, 인욕, 정진, 선정, 지혜의 여섯 가지이다. 이 여섯 가지를 닦으면 미혹의 세상에서 깨달음의 세상으로 건너갈 수 있으므로 육도라고도 한다. 보시는 아까워하는 마음을 버리는 것이고 지계는 행실을 바르게 가지는 것이고, 인욕은 성내기 쉬운 마음을 다스리는 것이고, 정진은 게으른 마음을 없애는 것이고, 선정은 흩어지고 흔들리기 쉬운 마음을 하나로 묶어 진정시키는 것이고, 지혜는 어리석고 어두운 마음을 밝게 하는 것이다.

보시와 지계는 성을 쌓을 때의 기초와 같이 수행의 토대가 되며, 인욕과 정진은 성벽과 같이 외난을 방지하고, 선정과 지혜는 생사의 공격에 대하여 지키는 갑옷과 같은 것이다. 구걸하는 사람에게 베푸는 것은 보시이긴 하지만 최상의 보시는 아니다. 마음을 열고 자진해서 남에게 베푸는 것이 참다운 보시이다.

베풀고 난 후에 후회하든지 자랑스럽게 생각하는 것은 참다운 보시가 아니다. 베풀고 나서 즐거워하고 베푼 자신과 보시를 받은 자와 보시한 물건, 이 세 가지를 함께 잊어버리는 것이 참다운 보시이다. 올바른 보시는 그 보답을 바라지 않고 맑은 자비의 마음으로서 남과 자신이 함께 깨달음에 들도록 바라는 것이 아니면 안 된다. "오른손이 하는 것을 왼손이 모르게 하라"는 바이블(마태복음)의 말도 있다.

# 출가

계율을 지키고 정법으로 깨달음을 이루는 것도 어렵지만 불심의 인연이 없다면 출가하는 것 자체가 쉽지 않다. 조선 시대의 큰스님 휴정 대선사가 선가귀감禪家龜鑑에 이렇게 말했다.

"출가하여 수행승이 되는 것이 어찌 쉬운 일이랴. 편하고 한가함을 구해서가 아니며, 따뜻이 입고 배불리 먹으려고 할 것도 아니며, 명예나 지위 혹은 재물을 구해서도 아니다. 오로지 생사의 괴로움에서 벗어나려는 것이며, 번뇌의 속박을 끊으려는 것이고, 부처님의 지혜와 자비를 이어 끝없는 중생을 건지기 위해서이다."

# 우리는 지금 무슨 짓을 하고 있는가

　조용한 산골 오두막집을 좋아하고 검소하기로 소문난 법정 스님은 수필가 스님으로도 그 명성이 자자하다. 종교와 신앙의 잘못된 모습을 신랄하게 꼬집은 대목이 쓰여진 책《버리고 떠나기》를 읽었다. 짧막한 수필로 '우리는 지금 무슨 짓을 하고 있는가'라는 내용의 글인데 구구절절 귀감이 되는 말과 사실이 담겨 있다. 종교와 신앙에 대해 누구나 한 번쯤 되돌아보는 계기가 되었으면 하는 마음에서 그 내용을 옮겨 본다.

　올봄도 어김없이 여느 해 봄처럼 이 절 저 절에서 불사佛事라는 이름으로 여러 가지 형태의 행사가 벌어졌다. 그때마다 빼놓지 않고 행해지는 것이 소위 '보살계 산림'이다. 그런데 이 보살계 산림이란 것이 양식 있는 신자들의 불교 의식에 적잖은 회의를 불러일으키고 있다. 물론 보살계는 불자들이면 누구나 받아 지녀야 할 거룩한 생활 규범이다.

보살계 본인 범망경梵網經 서문에서도 언급하고 있듯이 부처님이 안 계신 말법 시대에 이 계를 받아 지니면 어두운 데서 불빛을 만난 것 같고 가난한 사람이 보물을 얻는 것 같으며, 환자가 질병에서 말끔히 나은 것 같고, 갇혔던 죄수가 풀려난 것 같으며, 멀리 외지에 가 있던 사람이 집에 돌아온 것 같다는 비유로 그 공덕을 찬탄하고 있다.

그러면서 이 보살계는 여러 불자들의 스승으로 여길 것이니 부처님이 세상에 계실지라도 이와 다를 바 없다고 주장하고 있다. 그런데 이와 같이 거룩한 보살계 정신과는 너무도 먼 행동을 하고 있는 것이 이 땅의 불교 현실이다. 해마다 똑같은 장소에서 비슷한 사람들이 모여서 똑같은 행사를 되풀이하면서도 대승의 보살 정신은 생활화하지 않고 있다.

너무나 형식적이고 의례적인 겉치레에 맴돈 채 보살계 전신의 진지함과 거룩함을 찾아보기가 어려운 실정이다. 이런 행사를 가리켜 진정한 불사佛事라 할 수 있을 것인지 다같이 되돌아보아야 한다.

법문을 말하는 태도에도 적잖은 문제가 있다. 옛날 할머니들을 상대로 행해지는 그런 수준의 설법이 양식 있는 젊은 불자들이 모인 오늘날에도 그대로 되풀이되고 있다. 그리고 어떤 법사들은 대중을 향해 숫제 반말거리로 시종일관하고 있다. 이런 태도는 종교를 말하기 이전에 인간의 기본적인 예절과 자질의 문제다.

또 신도들이 공양받는 태도나 취침 때의 예절과 질서 또한 아귀다툼이고 한심하기 짝이 없다. 이래서 어떻게 '보살'이 될 수 있겠는가? 우리 다 함께 맑은 이성으로 한번 생각해 보자. 이런 행위가 올바른 종교이고 신앙이겠는가. 미신과 종교가 다른 점은 어디에 있는가? 무엇이 바른 법이고 사이비인가 우리는 분명히 알아야 한다.

종교와 신앙이 절에 있는 것이 아니라 각자의 청정한 마음에 있음을 알아차려야 한다. 그러기에 옛 어른들께서 마음 밖에서 찾지 말라고 간절히 말씀하신 것이 아니겠는가? 오늘날의 절과 성당과 교회는 순수한 신앙보다는 세속적인 상업주의에 너무도 많이 오염되어 있다. 돈 없이는 절이나 교회에 나갈 수 없는 실정이다. 마치 신심을 돈으로 재려는 경향마저 없지 않다. 이런 것이 종교이겠는가 말도 안 되는 소리, 우리는 무엇을 믿는가. 부처님, 신, 하나님? 이 부처님과 신과 하나님이란 말이 얼마나 관념적이고 개념화된 메마른 이름인가. 이런 관념적이고 개념화된 이름에 얽매여 진짜 부처님과 살아 있는 하나님을 만나지 못한 채 엉뚱한 데서 찾고 있는 것은 아닐까. 무엇이 참 부처님이고 진짜 하나님인가? 또 그 부처님과 하나님은 어디에 존재하는가? 부처님과 하나님의 이름이 사람의 입에서 불려지기 이전에 우주 질서가 엄연히 존재하고 인간의 도리가 있었다.

이 우주 질서와 인간의 도리를 바르게 믿고 의지하는 데서 부처님이 나오고 신과 하나님이 존재하게 된 것이라고 말하고 싶다. 다른 종교는 몰라도 불교는 부처님을 믿는 종교가 아니다. 부처님을 믿는다면 그것은 우상이고 미신이다. 불타 석가모니 자신 최후의 유훈을 통해서도 저마다 자기 자신에 의지하고 진리에 의지하라고 했다. 이것으로 볼 때 불교는 부처님을 믿는 종교가 아니다. 불교는 우주와 생명의 실상을 깨달은 부처님의 가르침을 통해서 본래적인 자아와 우주 질서(인과관계) 그 도리理法를 믿고 그것을 몸소 실현하는 종교다.

  종교는 잿빛 이론이나 교리에 있지 않고 살아 움직이는 행行에 있다. 종교의 본질은 무엇인가? 새삼스러운 물음이지만, 그것은 자비의 실천이고 사랑의 실천이다. 자비와 사랑의 실천 없이 깨달음이 어떻고 견성이 무어라고 지껄이는 것은 빈 골짜기를 울리는 공허한 메아리에 지나지 않는다.

  오로지 이 자비의 실천을 통해서 지혜도 자라는 것이지 무엇인가를 깨닫는 것만으로 지혜가 완성되는 것은 아니다. 반야바라밀(지혜의 완성)이란 말을 우리는 반야심경般若心經을 통해서 수없이 외우고 있지만 무엇이 지혜의 완성인지 곰곰이 헤아려 볼 줄 알아야 한다. 반야를 둘이 아닌 지혜無二智 혹은 차별이 없는 지혜無差別智라고 하는 것도 지혜와 자비가 하나임을 말하고 있는 것이다.

  우리들의 맑은 심성인 보리심 속에 지혜와 자비의 씨앗이 들어 있다. 그러므로 보리심을 발하지 않고는 지혜와 자비의 씨앗이 움틀 수 없다. 우리가 보살계를 받아 지니는 의미가 바로 여기에 있다. 보리심을 발하여 지혜와 자비의 싹을 틔우려는 다짐인 것이다.

인도의 시인 까르비는 이렇게 노래한다.

물속의 물고기가 목말라 한다는 말을 듣고 나는 웃는다.
진리란 그대의 집 안에 있다.
그러나 그대 자신은 이걸 알지 못한 채
이 숲에서 저 숲으로 쉴 새 없이 헤매고 있네.
여기 바로 지금 이 자리에 있는 진리를 보라!
그대가 원하는 곳이면 어디든지 가보라.
이 도시로 저 산속으로
그러나 그대 영혼을 발견하지 못한다면
세상은 여전히 환상에 지나지 않으리.

## 6

## 주제 파악

 사람은 세상을 살면서 자기 분수를 알고 살아야 한다. 그런데 분수를 모르고 사는 사람들도 있다. 분수란 현재 자신의 처지와 어울리지 않거나 동떨어진 행위, 언어 또는 과한 처우를 원할 때 쓸 수 있는 말로 예를 들어 가난한 사람이 큰돈이 생겼다고 하자. 정상적인 사고를 지닌 사람이라면 그 돈을 먼저 양식과 연탄, 생필품을 구입해야 순서이겠지만 그보다 먼저 옷과 구두를 맞추고 귀금속, 화장품, 영양제를 산다면 주제 파악을 할 줄 모른다고 해야 한다. 친구들이 회의 여행을 가는데 자기도 꼭 같이 놀러가겠다며 여기저기서 간신히 돈을 빌려 다녀온다면 그 사람이 온전한 사람이라 할 수 있겠는가? 한마디로 주제 파악을 못하는 사람인 것이다.
 조선 시대 때 왕의 친척으로 허우대와 외모가 그럴듯한 젊은이가 있었다. 그는 살림이 어렵지는 않았으나 일하기를 싫어하고 먹고 놀기만 좋아하는 건달이었다.

그래서 좀 산다는 친척집을 찾아다니면서 먹고 마시는 것이 일과 중 낙이었다. 그는 더 이상 찾아가 신세 질 친척이 없자 궁리 끝에 이웃 나라 중국으로 갔으나 맞이해 줄 곳을 찾다가 사찰을 찾아가 조선에서 온 임금의 사촌이라고 이름을 밝히고 이런저런 일로 왔는데 며칠 묵어야 될 것 같다고 말했다.

그곳 스님은 왕의 사촌이라고 하니 어쩔 수 없이 부탁을 들어주었다. 몇 끼는 그런 대로 괜찮은 밥상이었지만 날이 갈수록 밥상이 허술했다. 그럴 수밖에 없는 것은 절에서는 산해진미를 내지 않는 것이 규율로 되어 있다.

보잘것없는 밥상을 마주할 때마다 조선 젊은이는 반찬이 없다느니 맛이 없다느니 불평을 쏟아냈다. 주지 스님은 그 젊은이를 내쫓지도 못하고 당장 떠났으면 좋으련만 이러지도 저러지도 못하고 고민거리였는데 마침 조선에서 중국에 갔던 스님이 중국 스님에게 인사차 들렀다.

두 스님은 전에부터 교류가 있어 잘 알고 지내는 사이였다. 서로 안부를 묻고 이야기를 하던 중 중국 스님이 조선 청년 때문에 골치가 아프다고 심기를 털어봤다. "걱정하지 마시오. 내가 주문 하나를 알려 줄 테니, 그 조선 젊은이가 반찬 타령을 하거든 거지 주제에, 거지 주제에라고 몇 차례 외우시오." 하고 말하자 중국 스님은 무슨 뜻의 주문인지도 알 수 없었지만 잘 알겠다고 대답했다.

조선 스님은 그 젊은이의 소문을 전부터 대충 들어 알고 있었다. 두 스님은 후일 다시 만나기로 하고 작별 인사를 나눴다. 저녁때가 되자 조선 건달이 돌아왔다. 저녁상을 차려 들고 와 내려놓자 젊은

이는 또 인상이 찌푸리면서 반찬이 형편없다고 중얼거렸다. 그때 "거지 주제에, 거지 주제에"라고 스님이 말하는 것을 듣고 젊은이가 "아니 내 처지를 어떻게 저 중이 다 알고 있지?" 하고 놀랐다.

다음 날 이른 새벽에 조선 거지는 간다는 인사도 없이 줄행랑을 쳤다. 분수를 모르고 행동하는 사람을 두고 빗대어 하는 속담도 있다.

- 뱁새가 황새 걸음 따라 하다가 가랑이 찢어진다.
- 망둥이가 뛰자 이무기도 뛴다.

우리는 분수껏 살고 있는지 돌아볼 필요가 있다.

## 나를 돌아보기

나이 탓일까? 아무개가 죽었다고 하더라. 아무개는 오늘내일 한다더라. 그런 소리를 들을 때면 인생의 덧없고 무상함을 느낀다. 나는 지금까지 살면서 과거와 현재의 모습을 진지하고 세밀하게 돌아본 적이 별로 없었다.

이제부터라도 지난날 어린 시절부터 학생 시절, 청년 시절, 결혼 시절, 중년 시절, 환갑, 고희를 넘기며 지금까지 수많은 날 속에서 아름다운 추억, 행복했던 날, 즐겁고, 슬프고, 아쉬웠던 기억을 하나하나 떠올려 본다. 잘못했던 일은 뉘우치게 되고 그때 왜 그랬을까 후회가 되기도 한다.

앞으로 남은 삶을 뜻 있고 보람 있게 살기 위해서는 더 노력하고 더 달라져야 한다. 고쳐야 할 점은 무엇인지 한번 돌아봐야 한다.

우리 모두 부모로서 자식으로서 책임과 도리를 다하고 있는지 나를 평가한다면 몇 점쯤 될까? 점수를 매겨 보자.

부끄럽지 않게 모두에게 본보기가 되게 살았는지 혹은 추한 행동으로 주위로부터 비웃음과 비난을 받으면서 살았는지. 할 일 없이 먹기만 하고 아무 의미 없이 시간을 보내며 그냥저냥 살아왔는지. 이대로 계속 살아갈 것인지 나를 돌아보자.

# 동양 철학의 음양오행

우리는 지금 최첨단 과학 시대를 살고 있다. 그러나 아무리 과학이 발달하더라도 태양계의 중심으로 공전하며 나타나는 계절의 변화와 낮과 밤의 반복으로 지구의 생명이 다할 때까지 인간과 지구의 생명체는 존재할 것이다. 즉 인간의 두뇌와 과학의 힘이 아무리 높아도 대자연의 위력에는 도전할 수 없다.

모든 생명체들은 자연의 변화와 상호 밀접한 관계로 연계되어 있음을 말하는 것으로 태양과 더불어 사는 양陽의 생명체와 달月과 더불어 사는 음陰의 생명체 무엇 하나도 우주 질서의 밖에서는 살 수 없다. 어떤 이치에 의해 정립된 동양 철학은 지금까지도 그저 놀랍고 신기한 연구 결과물이 아닐 수 없다.

세계적인 핵물리학의 거성 키프트 박사는 원자나 수소의 원리를 알기 위해서는 동양 철학에서 말하는 음양陰陽의 원리를 응용하지 않고는 절대 얻어 낼 수 없는 원소라 하였다. 이처럼 과학 기초에서

부터 원리 응용까지 음양의 배합配合이 아닌 것이 없고 음양이 아니고는 우주 내에서 존재할 수 없다는 사실은 너무나 명백하다.

자연에서 오행 물질은 서로 도움을 주고 받으면서 공생共生하고 있는데 이것은 상생相生이라 하며 그들의 순서가 자연 질서적으로 나열된 木, 火, 土, 金, 水를 말하며 이것은 우리가 알고 있는 달력의 요일 순서를 뒤바꿔 놓은 것 같지만, 지극히 당연한 배열이며 순서라는 것을 상생계와 상극계에서 말해 주고 있다.

수천 년 동안 이어져 오는 동양 철학의 우수한 예지 역학易學, 보름달이 뜰 때만 피는 꽃이 있는가 하면 개기일식 때에만 교미를 하는 동물이 있다.

어떤 동물은 별자리의 이동에 따라 보금자리를 옮기고, 모든 식물은 태양을 바라는 향일성向日性이 있다. 우주 자연은 위대하면서도 정교한 질서에 움직이고 있다.

인더스 문명과 황하 문명은 바로 동양 정신의 뿌리이며 일찍이 우주의 생명관을 바탕으로 발달하여 달의 변화에 의한 음력陰歷을 완성했다. 즉 우주 현상을 음양陰陽의 법칙으로 인식하여 해와 달이 지구와 모든 생물체에 미치는 영향을 분석하여 음양오행설陰陽五行說을 창안하고 발전시켜 인간의 운명까지 알 수 있는 사주학四柱學 등이 오늘날까지 건재한다.

## 사주학

**상생**相生 **관계란?**

★ 나무木는 태워 불火을 살리고 피우는 일을 하고 있으니 목생화木生火라 한다.

★ 불火은 모든 것을 태우고 나면 흙土으로 돌아가 흙을 더해 주니 화생토火生土라 하였다.

★ 흙土은 그 속에서 금金을 만들어 주니 토생금土生金이라 했다.

★ 금金은 그 자체에서 대기大氣를 냉각시켜 물방울을 만들고 물水을 얻으므로 금생수金生水라 했다.

★ 물水은 나무木를 길러 주는 공급원이 되므로 수생목水生木이라 했다. 그림으로 설명하면 아래와 같다.

**오행상생표**五行相生表

| | | 갑甲 | 병丙 | 무戊 | 경庚 | 임壬 | 갑甲 | 병丙 |
|---|---|---|---|---|---|---|---|---|
| 양陽 | | 木→生 | 火→生 | 土→生 | 金→生 | 水→生 | 木→生 | 火→生 |
| | | 을乙 | 정丁 | 기己 | 신辛 | 계癸 | 을乙 | 정丁 |
| 음陰 | | 木→生 | 火→生 | 土→生 | 金→生 | 水→生 | 木→生 | 火→生 |

**오행상생**五行相生 **길**吉

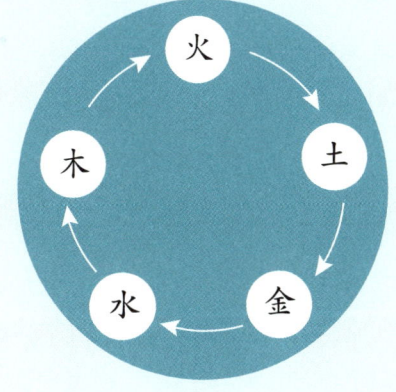

木生火
火生土
土生金
金生水
水生木

**오행상극**五行相生 **흉**凶

木剋土
土剋水
水剋火
火剋金
金剋木

## 상극相克 관계란?

오행 물질은 서로 상생만 하는 것이 아니고 서로 싫어하며 원수처럼 싸우고 다투고 공격과 방어를 하며 시비한다. 물과 기름, 불과 물, 쇠와 나무처럼 적대 관계가 있다. 이것들은 만나면 성사될 수 없는 남녀의 사귐과 같다. 이들은 공교롭게도 천간天干의 甲과 乙부터 시작하여 바로 이웃에 있는 丙이나 丁을 공격하는 것이 아니라 한 칸 떨어진 戊와 己를 미워하므로 싸우고 마찰이 생기는 것이다.

★ 목극토木克土 나무는 흙을 뚫고 가르며,
★ 토극수土克水 흙은 물의 흐름을 막고,
★ 수극화水克火 물은 불을 끄는 적대 관계이며,
★ 화극금火克金 불은 쇠를 녹이고,
★ 금극목金克木 쇠는 나무를 베고 자르는 적대 관계에 있으니 이들 모두는 한쪽은 이기고 그 한쪽은 질 수밖에 없다.

### 오행상극표五行相克表

| | 갑甲 | 병丙 | 무戊 | 경庚 | 임壬 | 갑甲 |
|---|---|---|---|---|---|---|
| 양陽 | 木 | 火 | 土 | 金 | 水 | 木 |
| | 을乙 | 정丁 | 기己 | 신辛 | 계癸 | 을乙 |
| 음陰 | 木 | 火 | 土 | 金 | 水 | 木 |

천간天干의 십간十干은 지구의 씨줄과 같고 지지의 십이지는 지구의 날줄과 같으며 천간을 양이라 할 때 지지는 음이 되는데 지지의 음양과 오행을 설명하면 다음과 같다.

### 지지 음양 오행표地支陰陽5行表

| | | | | | | |
|---|---|---|---|---|---|---|
| 양陽의 오행五行 | 子(水) | 寅(木) | 辰(土) | 午(火) | 申(金) | 戌(土) |
| 음陰의 오행五行 | 丑(土) | 卯(木) | 巳(火) | 未(土) | 酉(金) | 亥(水) |

### 지지地支의 자의字意

자子: 일상생활에 필요한 물과 같다.

축丑: 촉촉한 흙에 해당하며 금고나 무기고 창고를 뜻한다.

인寅: 갑목甲木과 같이 큰 나무를 뜻한다.

묘卯: 을목乙木과 같이 작은 나무를 뜻한다.

진辰: 촉촉한 흙을 뜻한다.

사巳: 연료, 기름, 인화 물질과 같은 불을 뜻한다.

오午: 어둠을 투과시키는 광선과 같은 불이다.

미未: 메마른 흙과 같다.

신申: 교통수단에 이용하는 차량과 같은 쇠를 뜻한다.

유酉: 금속과 같은 쇠붙이를 뜻한다.

술戌: 메마른 흙과 같다.

해亥: 주류, 음료수 같은 물을 뜻한다.

위와 같은 음양의 물질이 우주 밖에서 일어나는 것이 아니고 우리의 인간 생활에까지 그 영향을 끼치므로 오행 물질이 나와 만나면 나에게 어떤 작용을 하게 되고 거기에서 일어나고 미치는 원인 결과를 분석해 보면 무시할 수 없는 철학인 것이다.

### 자기운 自己運

오행 물질의 상생과 상극 관계를 설명했지만 운運을 빼놓을 수 없다. 동양 철학에서 운을 말하지 않는다면 사람 얼굴을 그리는 화가가 코와 입을 그리고 귀를 그렸는데 눈은 그리지 않은 것과 같은 것이다. 운이란 우주의 율동과 같아 변화하는 행로를 뜻하는데 이는 다섯 가지의 음양으로 된 천간天干끼리 서로 어울려 다른 물질의 오행을 만드는 것으로서 다음 그림과 같다.

### 간합표 干合表

| 男 | 양陽 | 甲 | 丙 | 戊 | 庚 | 壬 | 甲 | 丙 | 戊 |
|---|---|---|---|---|---|---|---|---|---|
| 女 | 음陰 | 乙 | 丁 | 己 | 辛 | 癸 | 乙 | 丁 | 己 |

양陽의 甲과남자 음陰의 己여자은 서로 좋아하고
양陽의 丙과남자 음陰의 辛여자는 서로 좋아하며
양陽의 戊과남자 음陰의 癸여자는 서로 좋아하고
양陽의 庚과남자 음陰의 乙여자는 서로 좋아하며
양陽의 壬과남자 음陰의 丁여자는 서로 좋아하는 관계가 되어
이들은 서로 만나고 교제하는 관계와 같은데 이성 관계에서 상

대방에게 구애를 하면 싫다고 하지 않고 쾌히 승락하므로 서로 교합하는 운運이 발생하는 것도 특이한데 이것은 남과 여의 교합으로 자녀가 생겨나는 원리와 같은 것이다.

### 간합干合되어 발생된 오운五運

갑기합甲己合하여 토운土運으로 되고
을경합乙庚合하여 금운金運으로 되고
병신합丙辛合 하여 수운水運 으로 되고
정임합丁壬合 하여 목운木運으로 되고
무계합戊癸合 하여 화운火運이 되었으며

마지막 화운火運에서 다시 상생하여 화생토, 토생금, 금생수, 수생목, 목생화가 되는 원리도 기억하기 바란다.

### 천간天干의 자의字意

- 갑甲: 하늘의 진리를 처음 펴는 만물시생으로 성장을 뜻하며 두꺼운 껍질을 벗기고 싹이 터 크게 자란 나무를 말한다.
- 을乙: 만물이 처음 세상에 나와 자라나는 어린 모습과 같으며 덩굴식물이나 화초와 같은 나무에 속한다.
- 병丙: 이글거리는 태양과 같고 용광로의 뜨거운 불을 뜻한다.
- 정丁: 만물을 따뜻이 보호해 주는 것 같고 사람을 포근하게 감싸 주는 인정과 같으며 화롯불이나 등촉불을 뜻한다.
- 무戊: 만물의 어머니와 같은 대지의 흙을 뜻하며 벌판 같은 넓은 땅을 말한다.

- 기己: 만물이 성장하여 완숙된 단계와 같이 안정됨을 뜻하고 문전옥답과 같은 흙을 뜻한다.
- 경庚: 땅속에 묻힌 철광석 덩이나 연금되지 않은 무쇠덩이를 뜻한다.
- 신辛: 무쇠 상태에서 연금되어 장식품으로 변모된 쇠를 뜻한다.
- 임壬: 도도히 흐르는 큰물이나 큰강물을 말하며 큰비를 머금고 있는 구름에 비유된다.
- 계癸: 졸졸 흐르는 시냇물과 같다.

이와 같이 태어난 천간지지는 음양오행의 상생 상극, 변화 적용, 오운뿐만 아니라 체질, 성격, 질병, 직업, 취미 등 해롭고 유익한 식품까지도 파악할 수 있으니 그저 놀랍고 신비하다.

### 서로 충沖이 되는 띠

자오子午 쥐띠와 말띠: 말은 잠을 잘 때 쥐가 자기의 큰 콧구멍으로 들어올까 봐 미워한다.

축미丑丁 소띠와 양띠: 소는 뿔이 있는데 나도 뿔이 있다고 까부는 양을 싫어한다.

인신寅申 호랑이띠와 원숭이띠: 범호랑이은 동물의 왕인데 원숭이가 자기보다 나무를 더 잘 타는 것을 시기한다.

묘유卯酉 토끼띠와 닭띠: 토끼는 자기의 눈이 붉은데 닭의 벼슬이 빨갛다고 싫어 한다.

진술辰戌 용띠와 개띠: 용은 자기가 하늘로 올라갈 때 개가 마구

짖어댄다고 미워한다.

**사해**巳亥 뱀띠와 돼지띠: 뱀은 깨끗한 동물로 돼지의 지저분한 것과 냄새를 싫어 한다.

**오자**午子 말띠와 쥐띠: 상동 子午

**미축**未丑 양띠와 소띠: 상동 丑未

**신인**申寅 원숭이띠와 호랑이띠: 상동 寅申

**유묘**酉卯 닭띠와 토끼띠: 상동 卯酉

**술진**戌辰 개띠와 용띠: 상동 辰戌

**해사**亥巳 돼지띠와 뱀띠: 상동 巳亥

※ 서로 마주 보는 것이 상극이 된다.

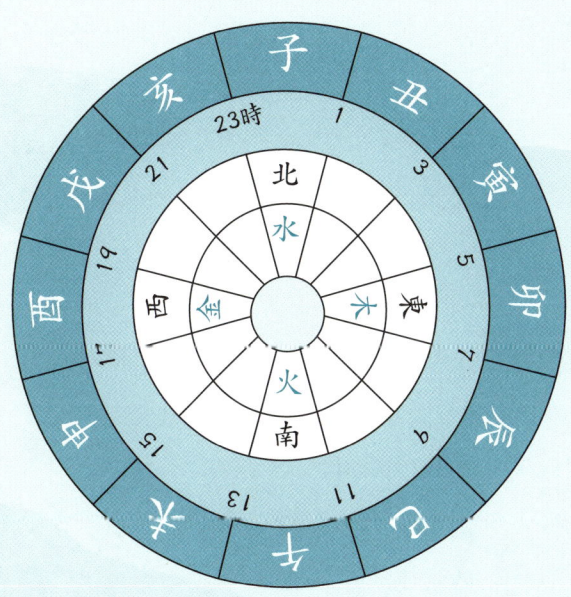

# 서양 철학의 12별자리

　수천 년 동안 꾸준히 이어져 온 사계절의 변화가 엄연한 질서이듯 어느것 하나도 우주의 질서에서 벗어나 존재하는 것은 없다. 첨단 시대인 오늘에조차 밝혀 내지 못하는 것을 옛사람들은 꿰뚫어 보고 그것을 생활의 지혜로 삼아 왔다.

　오늘날 과학이라 이름하는 학문은 그 옛 슬기가 과학임을 증명하고 있을 뿐이다. 티그리스, 유프라테스강을 젖줄로 메소포타미아 문명이, 나일강을 중심으로 이집트 문명이 발생하여 서구 문명의 모태가 되었다.

　일찍이 우주 천체의 관심이 깊었던 이 고대인들은 천문학을 발달시켰고 태양력太陽曆을 완성했다. 기원전 6012년경에는 별자리를 열둘로 나누어 인간의 운명을 헤아리는 점성술占星術을 창안하여 생명과 천체의 관계에 의한 인간 궤도를 증명하였다. 망원경이 없었던 시절에 이미 천체를 보았던 옛 슬기가 우주 왕복선 시대인 오늘날 더욱 그 빛을 발하고 있다.

12성좌로 자기의 운명을 보는 법은 동양의 운명학사주학과 달리 양력으로 하기 때문에 태어난 해의 띠나 시時는 필요치 않고 월月일과 일日만 알면 된다. 12별자리 중 해당되는 자기 별자리를 찾으면 되는데 성격, 적성, 연애, sex, 취미, 사랑, 건강까지 알 수 있다. 우선 성격과 적성만 간략하게 설명하였음을 일러 둔다. 운명학은 결코 미신이 아님을 알고 대체한다면 인생이 한층 풍요로울 것이다. 보는 법은 다음과 같다.

### 운명학 보는 법

양력 생일이 1월 1일이면 염소좌이고 3월 3일이면 물고기좌이며, 5월 21일이면 황소좌이다.

| 성격 | 생일 |
|---|---|
| 염소좌 | 12월 23일 ~ 1월 20일 |
| 물독좌 | 1월 21일 ~ 2월 19일 |
| 물고기좌 | 2월 20일 ~ 3월 20일 |
| 양 좌 | 3월 21일 ~ 4월 20일 |
| 황소좌 | 4월 21일 ~ 5월 21일 |
| 쌍둥이좌 | 5월 22일 ~ 6월 21일 |
| 게 좌 | 6월 22일 ~ 7월 23일 |
| 사자좌 | 7월 24일 ~ 8월 23일 |
| 처녀좌 | 8월 24일 ~ 9월 23일 |
| 천칭좌 | 9월 24일 ~ 10월 23일 |
| 전갈좌 | 10월 24일 ~ 11월 22일 |
| 사수좌 | 11월 23일 ~ 12월 22일 |

## 운명학

※ 생일이 양력으로 7월 14일이면 게좌에 속하고,
생일이 양력으로 4월 5일이면 양좌에 속한다. 앞의 별자리 참조

### 염소좌  12월 23일 ~ 1월 20일

❶ **성격**: 어떤 어려움도 이겨내는 강인한 정신과 기어이 추구해 내고야 마는 강렬한 정열을 지닌다. 작은 일이라도 즐겁고 행복하게 여기며 성공의 만족보다 본질적 향상을 즐긴다. 추구력이 강하다. 목적이 정해지기까지는 상당한 망설임도 있다. 친구들과 아무렇게나 어울리지 않고 고독할 때도 있고 충분한 이해와 협동보다는 스스로의 결정과 추구력만 고집하기에 가족 간에 고립되기도 쉽다. 어떤 곤경도 이겨내는 인내의 정신이 재산 목록 제1호이다.

❷ **적성**: 청초하고 질서 정연한 것을 원하기 때문에 불확실한 방침에는 참을 수 없는 정의파 실무가, 종교나 예술, 실업에 이르기까지 능력을 보유하고 있다. 운명학, 심리학도 적합하며 음악 연주가, 세균학자도 좋지만 외무관 업무는 맞지 않고 디자이너 등은 안 하는 게 좋다.

❸ **궁합**: 집착력이 강하여 같은 길로 나가기를 원한다. 그래서 때로는 고독하기도 하고 인내와 노력으로 반평생을 경영해야 한다.

때문에 비가 오면 같은 우산을 쓸 수 있는, 상부상조하는 온화하고 부드러운 성격의 소유자를 만나야 한다. 항상 청순하고 순조로운 처녀좌와, 나이가 들어도 싱싱한 젊음을 과시하는 황소좌와, 견실한 방침과 인내력을 지닌 같은 염소좌 가운데서 배우자를 찾아야 한다. 세 성좌 태생은 결혼하면 부부애로부터 사랑의 절정에 이르기까지 마음껏 행복을 누릴 수 있는 좋은 배우자가 될 것이다. 외고집인 양좌를 만나면 완고하므로 걸핏하면 언쟁과 불화를 초래하게 되고, 다재다능한 게좌는 오히려 변덕과 불성실로 느껴지며 생활 방식이 전혀 다른 천칭좌는 불화가 비오듯 할 것이다. 세 성좌 태생과는 피하는 게 좋고 만약 결합이 되더라도 부단한 노력을 각오해야 하며 나머지 태생들은 무난하나 처녀좌, 황소좌, 염소좌처럼 천생연분은 아니기 때문에 상당한 노력을 해야 한다.

## 물독좌 1월 21일 ~ 2월 19일

❶ **성격**: 속박 없는 광활한 지혜로 예민한 관찰력과 유창한 웅변력을 발휘하고 설득하는 능력을 소유하고 있다. 사람들을 설득시켜 사로잡고야 마는 성미다. 빼어난 추리력과 과학적 지혜가 일치하여 지성과 인격을 형성하고 현실을 뛰어넘어 앞서가는 선각자의 위치에 서기 때문에 고독하다. 악인을 보더라도 착한 마음을 인정하려고 한다. 과학의 한계까지도 뛰어보는 추리력을 지녔기에 학문적이거나 사회적인 데까지 새 분야를 형성해 내야 마음이 편한 학구적이며, 인생의 미를 탐구해내는 창조주이다.

❷ **적성**: 천재들의 모임에 초대받아 지상을 낙원으로 만들기 위한 창조의 소질을 부여받은 자이다. 어느 분야에든 참여하면 아름답고 새롭게 꾸미고 장식해 나가야만 마음이 편한 창조주의자다. 그러나 어디까지나 미를 창조하는 사람이지 무대 위에서 자신의 미를 과시하거나 경쟁하는 사람은 아니다. 즉 실무자가 아니라 기획자이며 배우가 아닌 연출가로의 위치이다. 똑같은 일이 반복되거나 기계적인 작업은 질색이다. 시인, 극작가, 소설가, 작곡가, 카메라맨 등 예술가가 적격이다. 자유로운 것을 택하되 세무 관계나 기계화된 생산업 등의 기사로는 맞지 않다.

❸ **궁합**: 아무리 훌륭한 사람일지라도 일거일동을 주시하는 성격의 소유자와는 즐거운 생활을 누릴 수가 없다. 인생의 행복과 사생활은 공존해야 하기 때문에 자존심을 서로 존중하고 이해하며 소중하게 생각해 주는 성격의 소유자를 만나야 한다. 융통성이 많은 쌍둥이좌를 만나면 공통된 기쁨과 개인의 즐거움을 존중할 줄 아는 상대가 될 것이며, 조화와 균형의 천재인 천칭좌를 만나면 사랑의 균형을 유지해 줄 것이다. 통찰력을 지니고 달콤한 이야기를 즐길 수 있는 같은 물독좌를 만나도 마음을 주고받는 좋은 상대가 될 것이다. 쌍둥이좌, 천칭좌, 물독좌는 부부로서 좋은 분위기를 만들고 서로 균형을 이루게 된다. 고집쟁이로 이해심이 없는 사람이라고 생각하는 황소좌는 끝내 물독좌를 이해하지 못한다. 애정관의 차이가 많은 사자좌를 만나면 분열을 막기 어렵고 근본적으로 마음이 통하지 않는 전갈좌를 만나면 어둡고 험악한 세월이 막을 열 것이다. 다른 성좌는 무난하다. 상당한 노력과 이해를 기울여야 한다.

# 물고기좌  2월 20일 ~ 3월 20일

❶ **성격**: 바다와 같은 포용력과 봄날의 생동감이 일치하여 신비로운 직감력과 생활에 대한 이해력을 보유했다. 희생 정신이 강하여 물심양면으로 친절을 다해야만 마음이 편하다. 때문에 타인이나 상대방에게 폐를 끼치는 것보다는 오히려 희생을 당하는 편이 편하다. 마음이 넓은 낭만파이다. 성인과 지식인들의 이야기나 주장에 마음을 기울이기도 하고 방탕이나 타락을 즐기는 사람의 공명자의 위치에 서기도 한다. 포용력과 소생시키는 영육의 양면성을 지녔고 이해하기도 하는 다양성을 가졌다.

❷ **적성**: 훌륭한 몽상력과 직감력을 충분히 살려 예술의 신비로움과 생활의 즐거움을 누리는 자, 성직자처럼 자비 정신을 발휘하는 희생 정신의 소유자로 예술에 도취하는 기막힌 소질을 가졌다. 미술가나 예술, 소설가, 극작가, 소설가, 시인 등 문인이 아니면 가수, 작곡가, 배우, 발레리나, 디자이너, 미용사, 모델 심지어 카운셀러나 최면술사에 이르기까지 신비하고 다향한 취향을 가졌고, 반대로 은행원, 증권회사 직원 등 돈을 만지는 직업은 좋지 않다. 질서정연하고 반복적인 일은 흥미가 없다. 창조적인 업무를 해야 능력을 발휘한다. 남의 말에 감명되기 쉽고 희생되기 쉬우므로 정확성을 요구하는 일은 피하고 자유분방하고 창조적인 일에 보람을 느끼며 능력 발휘의 기회를 만나야 보람을 느낀다.

❸ **궁합**: 영원히 신혼생활과 같은 즐거운 생활을 유지하고 싶기 때문에 언제까지나 일상생활 속에서 달콤한 이야기나 몸짓을 주고받을 수 있는 연인을 만나야 한다. 항상 생동감이 돌게 가정 분위기를 변화시키는 능숙한 솜씨의 소유자인 게좌를 만나면 사랑을 기르는 가장 적합한 상대가 되고, 사랑과 생활을 신중히 다루는 전갈좌를 만나면 낙천적인 생활을 오래 지속해 갈 수 있는 능숙한 생활 설계가를 만나는 셈이다. 헌신적인 사랑의 정신이 풍족하고 매사에 감사할 줄 알며 고락을 함께 나눌 수 있으려면 같은 물고기좌 태생이 좋다. 세 성좌 태생을 만나면 싱싱한 사랑의 열매를 수확해낼 것이다. 사랑의 리듬이 맞지 않는 쌍둥이좌를 만나면 침착하지 못하고 거짓말쟁이로만 느껴져서 믿을 수가 없고, 도량이 좁고 치사해 보이는 처녀좌를 만나면 늘 이혼을 생각하게 될 것이다. 누구보다도 자신을 파악하려고 애쓰는 사수좌를 만나면 피곤하고 재미가 없는 거북스러운 사이가 될 것이다. 기타 태생은 무난하나 상당한 노력을 필요로 한다.

## 양좌 3월21일~ 4월 20일

❶ **성격**: 두각을 나타내는 향상심으로 항상 위세를 부리는 기묘한 전술가요 추구자이다. 생동감과 적극적인 생의 방법이 발휘해 내는 투쟁력이 일치되어 확고한 이상을 추구하는 유력자이자 협력자로서 등장하여 약자를 보호하고, 도와주지 않고는 견디지 못하는 성격이다. 친절하고 상대를 존중하면서도 통솔력을 발휘하여 지도자로 부상해야만 마음이 놓인다. 투쟁력이 강하여 큰일에 흠이 되기도 한다.

자질구레한 일은 생각지 않으나 큰 인물은 그것까지 포용한다는 점을 잊어서는 안 된다. 용감하면서도 온순함도 동시에 지녔다. 두각을 나타내는 위치에 서야 편하다.

❷ **적성**: 비상사태에 대처하는 독창적인 전투력이 강하며 책임이 강한 능력자, 고용당하지 않고 리더가 됨으로써 유능한 활동력이나 개척 정신을 발휘하는 성미다. 부하를 다스리는 솜씨도 능숙하고 감싸줄 때는 잘 감싸주고 엄격할 때는 무섭고 부하의 노력이나 공적을 충분히 인정해 주는 재량도 갖추었다. 신문이나 잡지의 기자, 편집 책임자, 선전 광고 담당, 카레이스의 선수나 스포츠맨, 작가, 배우, 아나운서 등 특히 가공업을 경영하면 안성맞춤이다. 요리사, 영화, 스포츠 등 감독으로도 좋고 여성이면 중소기업, 다방 등의 경영자는 이 성격의 소유자라야 한다. 그러나 직접 손님을 접대하면 안 된다. 외무원, 접객업, 서비스업, 점원, 교육자로는 맞지 않고, 항상 능력을 발휘할 수 있는 자리여야 한다.

❸ **궁합**: 남에게 지지 않으려는 성격과 완강한 고집이 있어서 자신의 언행에 확신을 가지기 때문에 독단적이고 독선적인 경향도 있으므로 순종하고 복종하거나 호흡을 같이하는 조화로운 성격의 소유자를 만나야 한다. 특히 휴식을 모르는 사람이라면 가정에서는 안정성과 화창한 마음을 되찾아 줄 수 있는 상대자를 만나야 한다. 원만한 성격인 사자좌를 만나면 웬만한 일에는 호흡을 잘 맞추고 생활 방침에 잘 복종하는 훌륭한 상대가 될 것이고, 조화 능력이 있는 사수좌를 만나면 상호 간의 특징을 살리면서 무조건 복종도 하지 않고

이해하고 격려하면서 비약적인 생활을 이끌어가는 좋은 상대가 되어 줄 것이다. 느린 속도와 변덕을 부린다고 생각하는 게좌를 만나면 생활이 답답하고 신경질이 나게 되고, 우유부단한 천칭좌를 만나면 지나칠 정도로 무관심하게 느껴져서 불화와 분열을 초래하기 쉽다. 또한 이상과 생활의 방식이 다른 염소좌를 만나도 불행하기 쉽고 개성이 너무 뚜렷한 같은 양좌를 만나면 투쟁을 밥먹듯 해야 한다. 순박한 사람이라면 거의 무난하다.

## 황소좌 4월 21일 ~ 5월 21일

❶ 성격: 온순하고 순종하는 평화로운 조화 정신으로 신선한 생활과 품위 있는 자세, 청결하고 아름다운 사랑의 정신을 확대해 가며 불결을 증오하는 양식파, 허위나 거짓에 저항하여 넘어지지 않는 신념을 부여하는 강력한 영향력을 소유하고 있다. 조화의 정신과 청결한 사랑이 일치하는 숭고한 정신의 소유자이다. 혼탁의 세상에 빠지지 않고 항상 신선한 생활과 자세, 순진한 것을 그리워하고, 싫증을 느끼지 않는 인간애의 탐구심, 말은 적으나 아름답고 품위 있는 이야기 솜씨도 발휘한다. 평상의 태도는 애교가 넘치지만 가정생활에는 약점이 있다. 제멋대로 되기 쉽고 고집이 세고 흉포해지기도 하며 식구들에게 무리한 행위를 요구하지 않고는 배기지 못하는, 즉 위안을 받으려 하고 늘 초조해지기도 한다. 충족과 만족을 향한 자세와 새로운 융성에 대한 불안감이 교차되어 안으로는 안위를 요구하고 밖으로는 순종하는 조화로운 평화 정신이 강하다.

❷ **적성**: 뛰어난 감각력을 살려 안전하고 착실하게 행동하는, 다소 조용한 일을 해야 한다. 눈, 코, 혀 등 감각 기관을 살리는 일에 종사하면 적합하다. 다소 느리고 겁도 많지만 결여된 개척 정신을 찾아내고 감각을 살려 안전하고 착실하게 행동해 간다면 큰 가능성을 얻을 수 있다. 조리사, 요리 연구가, 향료 판매 사업, 장신구, 세공업, 디자이너, 조각가, 화가, 원예 등에 주력하면 어려움이 없다. 반대로 스포츠맨 등은 피하는 것이 좋다. 만약 직업에 불만이 생기거나 의문을 갖게 되면 상관에게 먼저 의논해야 한다. 의사 표시가 정확지 않아 잘못 결단할 염려도 있으니 항상 의논하는 습관을 갖는다면 무리가 없다.

❸ **궁합**: 매사에 신중하고 치밀한 계획에 의해 인생을 꾸며가고자 하는 차분한 성격이기 때문에 가족과 가정에 대한 책임감이 두터워 완전한 방패가 되고 인내와 불굴의 창조적인 성격으로 차분하게 꾸려 나가는 성격의 소유자를 만나야 한다. 인내와 성실을 신조로 하는 염소좌를 만나면 가정을 편안하게 하고 자녀 교육에도 만전을 기할 것이며, 무계획성과 거친 솜씨를 싫어하는 차분한 처녀좌를 만나면 정확하고 주도면밀한 생활 계획을 세워서 기대에 어긋나지 않는 평화스러운 가정을 이룩할 것이며, 취미나 기호에 민감한 같은 황소좌를 만나도 단조로운 점만 극복한다면 좋은 상대가 될 것이다. 허영을 좋아하지 않기 때문에 사자좌를 만나면 의견이 충돌하고 가정을 돌보기보다 분열을 초래하기 쉬우며 지나치게 신중을 기하고 음울한 분위기를 조성하기 쉬운 전갈좌를 만나면 고결한 정신력을 가진 자신에게는 적합하지 않으며 생활의 이상에도 큰 차이가 생길 것이다. 사교 정신에 너무 많은 차이가 있는 물독좌를 만나도 불행하기 쉽고, 다른 성좌는 무난하지만 노력을 요한다.

## 쌍둥이좌  5월 22일 ~ 6월 21일

**❶ 성격:** 지식과 활용의 능력을 발휘하여 다각적인 지성과 예술적인 이성의 조화를 이룬다는 두 개의 뛰어난 뇌작용은 지식과 변설력이 일치하기 때문에 재치가 뛰어나 웅변술이나 문장력도 뛰어나다. 교제를 해도 본분을 지키며 한쪽은 예술가의 본능 또 한쪽은 능숙한 외교가이므로 누구에게나 친밀함을 준다. 집회 등에서도 자리를 밝게 유도하는 재능을 발휘한다. 어쩌다 별다른 이유도 없이 불안한 동요를 느끼거나 이상한 매혹을 맛보기도 한다. 외교가적인 예술적 행위가 우수하다.

**❷ 적성:** 명쾌한 사고력과 신속한 행동력을 살리면 무엇이든 즉시 해결해 나갈 능력자로 표현 능력과 설득력으로 상대가 호응을 하도록 유도한다. 소설가, 신문 잡지 기자, 특히 통역관, 외교관, 외무 업무, 편집자, 생활 평론가도 어울리고 조사업, 흥신 사업 등 다양하다. 반대로 고정되고 단조로운 일에는 싫증을 보인다. 여자는 호스티스나 스튜어디스 등 외교 수완을 필요로 하는 일에 능하다.

**❸ 궁합:** 단조로운 생활에는 참을 수 없는 싫증을 느끼는 성격이기 때문에 가정에 신선한 바람을 넣어 줄 수 있는 사람을 만나야 창조적이고 미래 지향적인 가정을 꾸려갈 수 있다. 신뢰할 수 있는 높은 덕망과 친절한 서비스 정신을 지니고 있는 물독좌를 만나면 고생을 잊고 싱싱한 생활을 유지할 수 있고 온화한 성격인 천칭좌를 만나면 신경과민을 일으키지 않고, 생활의 이상도 일치하고 자식들과 함께

가정을 행복의 요람으로 만들어 갈 수 있으며, 같은 쌍둥이좌를 만나도 쌍둥이 부부처럼 금실 좋은 한 쌍의 원앙이 될 것이다. 정확하고 주도면밀한 성격의 소유자인 처녀좌를 만나면 오히려 귀찮고 불편해서 정상적인 교류에 금이 가게 마련이며 매사에 철두철미한 사수좌를 만나면 생활의 이상이 맞지 않아 정신병이 생길 정도로 신경질이 생긴다. 물고기좌를 만나면 의사소통이 잘 이뤄지지 않아 심지어는 옷을 입는 일에서 신발을 신는 방법에 이르기까지 혐오감을 느끼게 되어 결국 파괴를 불러일으키기 쉽다. 다른 성좌 태생은 무난하나 상당한 노력을 필요로 한다.

## 게좌 6월 22일 ~ 7월 23일

❶ **성격**: 보호와 보육의 정신으로 강력한 방위 능력을 발휘하여 안정감을 추구해 나간다. 의지에 사는 것보다는 정으로 사는 모성애 성격이 강하기 때문에, 잘못이 있어도 곧 위로하고 치유하여 다시 시작하는 지혜와 계획성을 지녔다. 새로운 것으로 도전해 가는 데 게으르지 않고 다산의 능력이 풍부한 상상력을 보유해서 능력으로 통하게 하는 집념으로 연결시킨다. 목표 달성을 위해 타인의 지혜와 아이디어를 모방하기도 하고 융통성을 발휘하기도 하며 가정을 수호하고 풍족함을 거두기 위해 무엇이든 저축하고 비축해 가는 유능한 성격이다. 방위 의식이 지나치게 강해서 배타적인 충동을 느끼거나 자기주장이 남달리 격렬할 때가 있다.

❷ **적성**: 모방의 천재력과 재능이 뛰어나 정신력으로나 물질적으로 풍족하게 공헌하고 온정을 베푸는 따뜻한 모성애적인 활동력과 자상한 배려감이 있는 성미이다. 모방도 잘하지만 창조의 능력도 풍족하며 대중의 정신적, 물질적 생활을 풍족하게 하는 데 공헌한다. 편집자, 출판 활동, 보육원의 보모와 양재나 요리 학원 강사, 만화가, 생활 평론가, 변호사로도 어울린다. 디자이너도 잘 어울린다. 반대로 사진사, 파일럿, 학자, 의사 등 전문직은 안 맞는다. 뭐든지 해낼 수 있는 능력의 소유자로서 대중을 위한 보람된 일에는 쉽게 만족하고 참여한다.

❸ **궁합**: 한번 마음에 들면 영원한 사랑을 바치게 되지만 자식이 생기면 부부애가 자식에게 옮겨가기 쉽기 때문에 부부간의 애정을 그대로 보존하려는 생활관을 소유한 상대를 만나야 영원히 자신의 행복을 지켜준다. 인간미가 있고 교육성도 풍부한 물고기좌를 만나면 생활의 리듬을 잃지 않고 영원히 지속해 갈 수 있으며, 표면보다 내면의 성실한 애정을 품고 헌신하는 전갈좌를 만나면 숨은 행복과 숨은 재미를 보며 살게 될 것이다. 만약 같은 게좌라면 자신이 사회적인 성공이라든가 인격이나 체면 따위에만 집착하지 않고 가정의 평화를 우선으로 생각하는가를 점검해 봐야 한다. 그렇게만 한다면 같은 게좌가 적합한 상대가 될 것이다. 일상생활을 동적인 활기로 살아가려는 성격이기 때문에 정적인 야심을 품고 살아가는 천칭좌를 만나면 생활 방침이 전혀 달라 어울리기 어렵고 차분한 염소좌를 만나면 환경의 변화가 없는 데서 오는 싫증을 견디기 어려워 조화되지 않은 나날을 보내게 될 것이다. 애교가 없는 양좌를 만나면 무취미하게 느껴져 오히려 혐오감을 느끼게 될 것이다.

## 사자좌   7월 24일 ~ 8월 23일

❶ **성격**: 공명정대한 위풍과 쾌활한 정열로 지도자적인 능력을 발휘한다. 친절을 베푸는 서비스 정신으로 어둡고 침울한 것을 싫어하고 활발한 성격은 남에게 희망을 주는 지도자로서의 자질로 통한다. 성미가 급하지만 노여움이 있을 때 금방 풀어져 소인은 아니다. 한번 마음에 검은 구름이 덮이면 모든 일에 인색해지고 심술을 부린다. 평상시는 밝고 맑은 성품이지만 강한 고독감이나 쓸쓸한 기질이 숨어 있다. 고독감은 남보다 앞서가거나 뛰어난 데서 오며 노력하면 지도자의 위치에 서게 될 것이다.

❷ **적성**: 치면 울리는 선명한 개성의 소유자이므로 사회가 활동 무대인 재능이 풍부한 사람이다. 무엇을 하든 대중의 눈앞에서 활약하는 활동가이다. 창조적인 아이디어에 뛰어나 구태를 타파하고 성공으로 이끄는 재능이 있다. 각종 분야의 배우, 예능 기관의 탤런트, 카바레 등의 경영자, 패션 모델, 극장이나 오락장 경영자, 예능 계통의 경영, 증권 회사 영업 담당도 적성에 맞는다. 반대로 인쇄업, 산부인과 의사, 선원, 목수, 광부, 약재사, 양화점 직공, 부동산업 등 일을 하면서도 남의 눈에 띄지 않는 일은 적합하지 않다. 파티에서도 앞자리를 차지하는 성격이다. 숨은 노력을 하나 아부를 않기 때문에 능력을 인정받기 어려운 직장은 피하는 것이 좋다.

❸ **궁합**: 보통 간격보다는 격렬한 외침으로 삶을 활기차게 부르짖고 싶은 심리가 있기 때문에 찬동하고 공감해서 싱싱한 활력과 매력을 더

해 줄 수 있는 사람을 만나야 인생을 신나게 살 수 있다. 매사에 박력이 넘치는 양좌를 만나면 생활이 신속해지고 템포가 빠른 발전을 꾀하여 즐거움과 슬픔을 같이 나누는 동반자가 될 것이다. 외향적으로 화려한 사교생활을 더욱 즐기려는 본성도 있기 때문에 사수좌를 만나면 진보적이고 개방적인 풍부한 생활을 누리게 될 것이다. 회전이 빠르고 생활 리듬이 같은 사자좌를 만나면 스피디한 인생의 쾌감을 충분히 느끼게 되는 좋은 상대가 되어줄 것이다. 고결한 자랑과 자만심을 지녔기 때문에 전갈좌를 만나면 차가운 타산이 지나치게 심하여 말다툼이 떠날 날이 없을 것이다. 조용한 계획으로 살아가는 물독좌를 만나면 지극히 평범한 생활로 느껴져서 개성을 성장시키려는 소원이 깨지고 만다. 또한 황소좌를 만나면 절벽을 만난 것 같은 고집 때문에 답답한 생활을 피하지 못할 것이다. 다른 성좌 태생은 무난하지만 많은 노력을 기울어야 한다.

## 처녀좌  8월 24일~9월 23일

**❶ 성격:** 질서를 존중하며 직무상 봉사력을 발휘하는 섬세한 감수성을 부여받았다. 과거의 추억과 미래의 꿈이 조화를 이뤄 인생을 지탱한다. 성격이 주도면밀하여 불안전이나 불결함을 증오하는 결벽성을 낳는다. 영화를 보거나 책을 읽어도 처음부터 봐야 마음이 놓이고 직무상으로는 규모가 큰 봉사를 실시하며 남의 심정을 정확히 받아들여 확실하게 전달한다. 선과 악, 옳고 그름에 날카로운 비판력을 지니고 있다. 섬세한 성미 때문에 과거의 추억을 잊지 못하고 기억

한다. 심지어 소녀 시절의 모든 물품 등을 정리하여 남겨 놓지 않으면 안 되는 마음을 가졌다. 미래의 꿈도 끝이 없고 새로운 꿈에 파묻히지만 현실화의 조화로 나타나 완벽하고 주도면밀한 실천자가 된다. 사랑의 충실한 전달자로 미래를 예견하는 예지가 있다.

❷ 적성: 면밀한 관찰력과 고도의 비판적 식별력이 있는 완벽주의자로서 실무에는 정확한 끝을 맺는다. 창조적 표현력은 없지만 분석과 조사 평론에 능숙한 언어의 능력을 소유했다. 집안의 자잘한 일부터 사회의 큰 논의의 대상까지 무엇이든지 완벽하게 준비해야 마음이 놓이는, 인간에게 필요한 지식이나 사물을 수집 정리하는 전문가로서 우수하다. 조사, 분석, 능력으로 보아 뉴스의 해설자, 정치, 평론가, 방송 편성자, 약제사, 언어 연구가, 회계사, 비서, 교육가, 간호사, 도서관 직원, 지배인, 감독, 식당 등도 적당하다. 반대로 토목 건축, 외과 의사, 미용사, 파일럿, 스튜어디스, 사회자 등은 맞지 않는다. 많은 사람 앞에서 일하기를 좋아하지 않는다. 매사를 혼자의 힘으로 해내며 지휘자의 감독을 받지 않으려 하기 때문에 개인 사업을 하는 것이 바람직하다. 차분한 분석력이 경영의 안정성을 주기 때문이다.

❸ 궁합: 사랑과 행복은 돈이나 육체로써 얻는 게 아니라 순정과 동경에서 싹트기 때문에 다소나마 존경할 수 있는 상대라야 하며 숭고한 동심으로 조화를 이루는 성격의 소유자를 만나야 한다. 아름다운 동심을 지닌 황소좌를 만나면 아늑하고 의지가 되는 아리따운 환경을 꾸려갈 것이며, 항상 밝은 마음으로 사는 염소좌를 만나면 회색 빛깔 정도의 무드를 조화롭게 이끌어 밝은 무대로 연결해 나가 결코

어둠이 깃들지 않게 할 것이며 표면보다는 마음속으로부터 밝게 해 주는 조언자가 되어 줄 것이다. 청순한 사랑을 지키려는 같은 처녀좌를 만나면 그 사랑을 잘 이해하여 관능적인 짙은 사랑만을 추구하지 않고 연인과 같은 아리따운 기분을 오래 지속해 나갈 것이다. 다양한 솜씨의 사수좌를 만나면 무책임하거나 경박감을 느끼게 되고 더욱더 생활의 변동을 싫어하게 될 것이며 경쾌한 쌍둥이좌를 만나면 믿음직스럽지 않고 경쾌한 리듬이 오히려 거짓으로 느껴져 불행을 초래하고, 성실한 물고기좌를 만나면 그 성실성으로 도리어 음울한 분위기가 되어 의사가 통하지 않아 답답하게 된다.

## 천칭좌   9월 24일~10월 23일

❶ **성격**: 열광하지 않으며 극단적으로 치우치지 않는 균형을 유지하는 분별과 밸런스로 어떤 일에도 함부로 열광하지 않으며 우상이나 신에도 깊이 빠지지 않고 오히려 믿지 않는다. 차분한 성격으로 허영심이나 자존심 따위의 노예는 아니지만 인간의 모든 자랑거리나 욕망을 가지고 있는 성미다. 어린 나이에도 어른스러운 행동이나 언어를 구사하는 것은 매사를 조급하게 다루지 않고 빠져들지 않으면서도 스스로 빼어났다는 숨은 의지와 자존심의 조화로서 생겨난다. 크게 노하지 않고 작은 소리로 말하는 여유는 품위를 잃지 않음이며 이지적인 균형의 목표이자 방법이기 때문이다.

❷ **적성**: 균형과 조화 정신을 생활신조로 하여 아름답고 온화하게 해결해 가는 재능이 있다. 파괴를 증오하고 미적 무드를 희망하는 사회에는 꼭 필요한 위치를 차지한다. 떠들어 대지 않고 싸우지 않으며 무슨 일에든 모나지 않고 온화하게 해결하는 사람이다. 지위나 금전을 탐내는 마음보다 창조의 미를 사회에나, 직업면에도 살려 나가는 마음을 가졌다. 종교 계통의 일은 맞지 않고 영화의 무대 미술 담당 패션 디자이너, 인테리어, 미용사, 서비스업의 경영자로 적격이며 외무관 협동 사업도 능력을 발휘한다. 반대로 의사, 광산 기사, 철물 관계 회사원, 운동 기구점은 맞지 않는다.

❸ **궁합**: 풍요롭고 조화로운 생활로 안정된 기틀을 마련하여 무리 없이 살고자 하는 정적인 기풍을 지녔기 때문에 안전하고 평화로운 생활에의 요구에 충만된 상대를 만나야 한다. 곤경에 처해도 탄식하지 않고 일상생활에서 일어나기 쉬운 상처를 어루만지며 평화로운 인생을 이상으로 하는 물독좌를 만나면 품위 있고 안정된 행복을 누릴 수 있다. 유머가 깃든 쌍둥이좌를 만나면 상냥한 미소와 로맨틱하고 미려한 삶을 얻게 되며 쾌활하고 변화에 능한 솜씨로 고독을 달래 줄 것이다. 선천적으로 균형이 잡힌 같은 천칭좌를 만나면 너무나 단조로울 수도 있으니 성격에 차이가 있다면 무난하다. 검소한 성품인 염소좌를 만나면 생활이 어둡고 답답해 음울한 싸움만을 하기 쉽고 개성이 강한 양좌를 만나면 조잡하고 성급한 사람으로밖에 생각되지 않아 존경심도 생기지 않고 이혼도 생각하게 된다. 욕심이 있는 게좌를 만나면 생활의 리듬이 맞지 않고 생활의 페이스도 무너져 위태롭게 된다. 다른 성좌 태생을 만나면 무난하지만 상당한 노력을 요구한다.

## 전갈좌  10월 24일 ~ 11월 22일

❶ **성격**: 웅변보다 침묵의 매력을 지닌 완벽주의를 지향하는 성실한 태도로 남에게 겉치레를 하지 않고 웃음도 헤프지 않으나 끌어당기는 묘한 매력을 소유했다. 친구와 다투면서까지 출세하려는 소인은 아니며 행복이나 목적을 위해서라면 10년쯤은 당연히 기다리는 성미다. 때문에 친구를 찾아가서 사귀거나 사교장에 출입하지 않는다. 체력도 충실하여 완력이나 파워가 있지만 싸움은 피한다. 그러나 한번 싸움에 끼어들면 한방으로 끝낼 작정으로 계략을 짜거나 끝까지 덤벼들어 승리를 하고야 만다. 차분하게 관찰하고 주시하는 통찰력과 예민한 투지력이 일치하여 침착하고 신중하게 처리한다. 매사에 철두철미한 준비를 함으로써 후일의 후회를 가져오지 않는 이상형이다.

❷ **적성**: 의문에 도전하는 통찰력을 비장으로 집중력을 발휘할 수 있는 학구적인 방면에 신비스러운 생명의 구조와 불가사의한 일에 대한 조사나 탐색에 적합하다. 지식을 개발하기 위해 부여받은 호기심을 동원하여 신체 기술이나 기능과도 상통한다. 차분한 성격은 떠들지 않는 비밀과 내성력과 위대한 집중력을 지녔기 때문이다. 사교술이나 화술은 좀 부족하지만 의사직에는 만능이다. 정신과 의사, 산부인과 의사, 외과 의사에 적합하고, 흥신, 천문학, 스포츠맨도 능히 해낸다. 반대로 외무 업무, 성악가, 무역상, 해설가, 아나운서는 안 맞는다. 겉으로 우둔해 보이는 것은 표현을 피하는 성품 때문이다. 사교성이나 화술을 개방하면 무한한 발전을 기약할 수 있다.

❸ 궁합: 부부간일지라도 정신적으로나 경제적으로나 상호 간의 긍지를 존중하는 비밀스러움을 중하게 여기기 때문에 질투심을 불러일으키지 않도록 개성을 존중하는 평화스러운 성격의 소유자를 만나야 한다. 이해심이 강한 물고기좌를 만나면 이해하는 힘이 뛰어나서 서로를 존중하며 아름다운 삶을 영위하게 된다. 알뜰한 게좌를 만나면 가정을 꾸려 나가는 천재적 기능을 발휘하여 경박한 행동으로 초초하게 몰아세우지 않으므로 서로 의논하고 합의하는 좋은 상대가 될 것이다. 같은 전갈좌를 만나면 상호 간의 성실한 성격의 특색을 살려가면서 평화로운 생활을 즐길 수 있을 것이다. 이유나 잔소리 듣기를 싫어하기 때문에 인격을 앞장세우는 물독좌를 만나면 이론이 많고 훈시가 많아 오히려 무력하게 느껴져서 불신하게 되고 끝내는 불화를 일으키게 된다. 옹고집 성격인 황소좌를 만나면 겉보다 완고한 옹고집에 부딪혀 격돌과 파괴로 불행을 불러들이며, 화려한 사자좌를 만나면 허영과 사치로만 보여 그 허풍이 비위에 거슬려 못마땅하게 여기고 불화를 낳는다.

## 사수좌  11월 23일~12월 22일

❶ 성격: 빠르고 자유로운 이성과, 지성과 관능의 순간적 긴장으로 낙천성을 유지한다. 일상적인 생활에는 만족하지 않고 사회적인 출세에 의하거나 돈에 묻힐 정도로 풍족을 요구하고 추진해 나간다. 목표가 달성되면 그것이 무엇이건 언행을 상관하지 않고 돌진하는 힘을 가졌다. 신속하고 순간적으로 일을 추진하며 부족해도 부족함을

모르고 넉넉해도 넉넉함을 모르는 낙천적인 사람이다. 현실보다는 더 크고, 넓고 풍족함을 향해 움직이는 성미로 주변을 의식하지 못하는 실례를 범하기도 한다.

❷ 적성: 속도와 적당한 변화와 자유로움이 있는 지식을 추구하거나 기지가 넘치는 일을 한다. 속도가 있고 적당한 변화와 자유로움이 있는 직장이 아니면 싫증을 내고 무력해진다. 신속, 변화, 자유를 구비한 직종으로 소설가, 시인, 문필가나 종교가, 판사, 사법관도 좋고 학문, 서적 출판, 외국 문학 번역 등의 일도 좋다. 또한, 대사나 외무부 직원, 외교관, 통역관도 적합하다. 반대로 약사, 염료 관계 업무, 원예법, 인쇄업, 방범대원 등은 거리가 멀다. 지식을 추구하면서도 그 환경과 정서에 민감한 심취를 보이는 감수성도 있다. 차분하고 단순하고 책임 있는 일에는 어울리지 않고 다양한 변화가 있는 일이 좋다.

❸ 궁합: 정신적으로나 언행면으로나 속박을 싫어하고 자유를 희구하기 때문에 가정적이기에 앞서 관대하고 위안을 즐길 수 있는 성격의 소유자를 만나야 한다. 성격이 쾌활한 사자좌를 만나면 자질구레한 일에 구애되지 않고 비열하고 인색한 일은 흘려보내기 때문에 사교성을 잘 살려 일치감을 이루게 될 것이다. 추구력이 강한 양좌를 만나면 화살이 날아가듯 이상이나 목적을 향함이 같아 좋은 협력자가 되어 즐거움으로 서로 축복해 주는 낙천적인 삶을 누리게 된다. 같은 사수좌를 만나면 낙천적인 삶의 리듬을 동반하는 행복을 연출해 낼 수 있을 것이다. 몽상가적인 물고기좌를 만나면 현실성이 모자람

에 혐오감을 느끼게 되어 곧 싫증을 낼 것이며, 쾌활한 성격의 소유자인 쌍둥이좌를 만나면 쾌활함이 도리어 천박하게 보이고 광기로 느껴져서 분노하거나 이별을 생각하게 된다. 치밀한 성격의 처녀좌를 만나면 주도면밀하고 엄격한 분위기 때문에 속박감에 휩싸이게 되어 행복과는 거리가 멀고, 세 성좌와의 만남은 가족과 자식에게까지 비운을 끼치게 될 것이다.

## 참고문헌

야히야 에머릭, 《이슬람》, 삼양미디어, 2012.
나가가와 다카[中川孝], 《육조단경》, 김영사, 1993.
장승구, 《삶과 철학》, 이회, 1996.
유발 하라리, 《사피엔스》, 김영사, 2015.
박찬희, 《탈무드》, 은진미디어, 2008.
채사장, 《지적 대화를 위한 깊고 얕은 지식》, 한빛비즈, 2014.
안경전, 《천지성공》, 상생출판, 2008.
법정, 《버리고 떠나기》, 샘터, 1993.
김정길, 《불교성전》, 홍법원, 1992.

MEMO

자기 성찰과 교양 함양을 위한 휴먼 메시지
# 마음의 등불

박 훈 엮음

2022년 4월 15일 초판 1쇄 발행

**펴낸이** 김종욱

**교정·교열** 조은영

**디자인** 허정

**마케팅** 백인영, 송이솔

**영업** 김진태, 이예지

**주소** 경기도 파주시 회동길 325-22 세화빌딩

**신고번호** 제 382-2010-000016호

**대표전화** 032-326-5036

**구입문의** 032-326-5036/010-6471-2550/070-8749-3550

**팩스번호** 031-360-6376

**전자우편** mimunsa@naver.com

ISBN 979-11-87812-30-2 (03190)

ⓒ 박훈, 2022

\* 이 책은 저작권법에 의해 보호되는 저작물이므로
  무단 전재, 복제는 법으로 금지되어 있습니다.